家庭是人生的第一个课堂，父母是孩子的第一任老师。广大家庭都要重言传、重身教，教知识、育品德，身体力行、耳濡目染，帮助孩子扣好人生的第一粒扣子，迈好人生的第一个台阶。

　　——摘自习近平总书记在第一届全国文明家庭表彰大会上的讲话

5岁孩子的发展手册

5岁父母的成长手册

中国"家庭·家教·家风"教育丛书

5岁孩子 5岁父母

5~6岁

北京师范大学家庭教育课题组◎著

中国出版集团公司
现代教育出版社

些从未从事过任何教育实践、根本不懂得家庭教育理论的"门外汉"，用商人的眼光发现了家庭教育这个潜力巨大的市场，便趋之若鹜，纷纷投身到这个行当中来，通过商业的"炒作"和媒体的"忽悠"，摇身成为"家庭教育专家"，或是洋洋洒洒地做家庭教育指导，或是像"余丸子"一样著书立说。如今，市场上家庭教育指导方面的书籍琳琅满目、五花八门。但真正有价值的家庭教育著作却凤毛麟角。那些家庭教育科学普及的图书，绝大多数是"急就篇""拼凑篇""绝招篇""经验篇"，在科学性和实用性上存在严重问题，给许多家长造成思想混乱，令人担忧。基于此，许多家长希望有人编写真正科学、系统的家庭教育读物，以正视听，以便把家庭教育建立在科学的基础之上。

当今时代，人们的心态比较浮躁。这种心态同样也反映在家庭教育的理论研究和实践指导上。许多理论工作者和实践指导者缺乏"板凳甘坐十年冷"的精神，急于出成果，见经济效益，结果在汹涌澎湃的市场经济大潮中失去了自我、迷失了方向。他们不是在理论研究上下"真功夫"和"苦功夫"，而是把功夫都用在了"商业炒作"和"创品牌"上；不是把社会效益放在首位，而是看重经济效益。

令人高兴的是，还有一批具有高度责任感、拥有真才实学的学者，没有辜负社会和万千家长的热切期望。他们深入实际调查研究，沉下心来认真钻研家庭教育的理论问题，探索家庭教育的规律，尽自己所能，为发展和繁荣我国的家庭教育事业奉献一份力量。以尚立富为首的北京师范大学家庭教育课题组，以"从夫妻、家庭、社会多元视角，探索中国本土家庭教育模式"为宗旨，以"引导父母学会观察、理解不同年龄段孩子身心发展规律的知识、现象及技巧，同步提升为人父母的能力与技巧，与孩子同步发展"为目的，研发了中国"家庭·家教·家风"教育丛书。我很高兴看到他们能根据家长和社会的需求研发这样一套作品。

　　该丛书依托于儿童教育学、儿童心理学和社会学的学科知识，提点出不同场域中成人对孩子的影响，将家风建设很好地融合在整套书中，从孩子、夫妻、家庭和社会这四个维度探讨父母对孩子的教育。它不是单纯的说教，也不是与大家分享借鉴性不大的个人育儿经验，而是系统地提出了一种全新的育儿理念。我相信，在多学科理论知识和多维度基础上编写的这套丛书，一定会对家长们有所启发。

　　特此推荐，是为序。

赵忠心

中国教育学会家庭教育专业委员会名誉理事长

中国家庭教育学会原副会长

2017 年 3 月 20 日

前　言

不误会孩子　　不误导父母

　　《2014 中国城乡家庭教育现状白皮书》对 10.83 万名中小学生、幼儿园幼儿及家长进行了问卷调查。数据显示，不知道教育方法的家长占 37.82%，没时间教育孩子的家长占 26.19%。超过一半的家长表示，当孩子出现问题时，希望能得到专业帮助，并且有 81.4% 的家长认为家庭教育有很多学问，需要学习和培训。然而，目前社会能提供给家长系统学习家庭教育理念及方法的渠道还不足以满足家长的现实需求。其中，家长通过书籍学习的占 30.53%，自己摸索的占 21.85%，朋友交流的占 18.01%，从媒体获取知识的占 13.16%，从家长会渠道获取的占 12.71%。调查显示，89.09% 的家长已经意识到孩子身上表现出的问题源于家庭教育。

　　当今，我们为什么需要高质量的家庭教育？而且这件事又显得那么急迫？每个家长提起孩子都或多或少显得无奈和手无举措，到底是哪里出了问题？

　　教育源于家庭，在我国传统的社会家庭中，父母的教养更多的是告诉孩子做人必须坚守的道理和原则，并为孩子提供一些物质方面的供给。那时的社会环境和家庭条件给了孩子很大的发展空间，孩子的很多意识习惯、行为规范都是在父母的言传身教，以及与兄弟姐妹、亲戚朋友、左邻右舍之间的游戏、交往和日常生活中完成的，逐渐长成为有着自己的兴趣和爱好、有着自己坚持的生活态度和原则、也有着自己引以为豪的进步和成就的社会人。

如今，中国社会仍处于转型期，人口流动量大，城镇化快速发展，独生子女的一代逐渐成了新一代的人父人母，这让存在于生活中的真实的朋友圈越来越狭窄，每个小家庭关上了门就"与世隔绝"。这给新一代的年轻父母在教养子女方面带来了很大的困惑，他们认为"生存就必须具有强大的竞争力，所以孩子就应该从小教育，而且越小投资对孩子未来发展越好……"。

于是，胎教、早教、兴趣班、艺术教育、外语教育等各种为孩子未来投资的活动开始了，父母害怕在竞争激烈的今天自己的孩子输在起跑线上，"义无反顾"地替孩子做主，让孩子从小走进技能和知识的世界，满心欢喜地为他们关闭了意识态度、行为习惯养成的大门。然而，仅存下来的对孩子社会适应能力的说教，远不够帮助他们处理好各种社交问题。育儿问题带来的焦虑更让家长们深陷亲子关系、夫妻关系及隔代关系的矛盾中，结果则是传统的社会人伦关系被抛弃，最终让我们生活在无序的生活中。

无序的生活又怎能熏陶和培育出一个有序的孩子？我们到底应该怎样做，才能客观地认识孩子发展的科学规律，发现并给予他们最好的引导，创建积极、稳定、有序的家庭环境，让孩子更好地去适应未来的生活？

基于我们国家的家庭教育的现状，这套丛书从四个维度进行了研究和梳理：

第一部分：儿童。帮助父母了解儿童在不同年龄阶段的发展特点和规律，减轻不必要的育儿焦虑，不再被孩子出现的问题所迷惑。

第二部分：父母。帮助父母了解不同年龄阶段儿童的教养原则，掌握儿童发展的各个关键期及关键引导方法，梳理家庭教育的热点、难点问题，帮助家长成为有辨别力的教养行家。

第三部分：家庭。帮助家长重新认识家庭的教育力量及意义，正确处理家庭中的夫妻、亲子、同胞及隔代关系，营造积极、有序、适宜的家庭物质环境及心理环境，让儿童在良好的家庭文化中健康成长。

第四部分：社会。帮助家长正确认识儿童社会化发展的意义及规律，掌握在日常生活中提升儿童社会适应力的途径及方法，敏锐发掘并合理利用社会资源，让孩子在游戏和同伴交往中习得社会规范，成为一个自信、懂事、善良、被大家喜欢的孩子，为儿童逐步适应社会生活奠定基础。

　　本套丛书是为广大家长朋友提供的一套依据儿童发展特点制订的家庭教育指南，有以下几个特点：

　　1. **多学科的知识性、科学性和全面性**：客观、科学、全面地从生理、心理、家庭、社会等多学科的角度来解读儿童成长的特点。

　　2. **以人为本，坚持儿童发展的原则**：以儿童的自身发展需要为前提，兼顾社会要求，从儿童的现实生活和成长需要出发，解决儿童成长过程中可能出现的各种发展性问题。同时，注重儿童能力的培养，如生活自理能力、动手能力、反思能力、人际交往能力、良好行为习惯和良好性格的培养等。

　　3. **教育理念及方法的先进性**：将我国传统的家教文化和西方开放的教育理念相结合，注重儿童主动性和创造力培养的同时，将孝心、感恩等优秀的家教门风渗透到日常生活的教养之中。将儿童发展的重要性与父母成长的必要性相结合，帮助家长树立正确的儿童观、家庭观和发展观，成为更加优秀的自己，真正减轻家长的育儿焦虑。

　　4. **通俗易懂的可操作性**：化理论知识为育儿常识，说出父母心中的真实所感、所想、所惑，并用简单易懂的语言讲述最有效、最便捷的教育建议及方法。

随着儿童年龄的不断增长,《N 岁孩子　N 岁父母》(0～6 岁)这套书,希望可以伴随新一代的年轻父母,不断学习、观察、发现、理解儿童成长的一点一滴。与此同时,也希望可以伴随着父母们在一点一滴中同步提升自己为人父母的能力与技巧,成为与孩子同步发展进步的爸爸妈妈。

我们一直坚持着这样的理念开发了本套丛书:(1)不误会孩子:爱 TA,就要理解 TA;(2)不误导父母:爱 TA,就要帮助 TA。通过这套丛书,我们希望不仅可以帮助父母们获得家庭教育的相关知识,更希望经过多年的共同努力、共同成长,探索出适用于我国本土经验的,具有实践指导意义的家庭教育指导手册。

北京师范大学家庭教育课题组

2017.3.10

注:北京师范大学家庭教育课题组,是以儿童心理学、教育学、家庭教育学、社会学等多领域的跨学科理论为指导,以当前中国家庭教育的相关政策及实际问题为指向,致力于中国本土化的家庭教育研究,服务于家教体系完善、家教实践指导及家教政策倡导的专业研究团队。

尚立富博士,北京师范大学家庭教育课题组发起人,中国公益教育研究所所长。1998 年至今，关注并从事西部农村教育、公益教育等领域研究近 20 年，著有纪实报告《苦乐之旅》《行走西部》《隐痛与希望》等，主编教材《小学公益教育实践教程（1 ～ 6 年级）》。

　　本课题组联系方式：jiatingjiaoyu@bnu.edu.cn。

3～6岁孩子发展的关键特征

年龄	领域		
	身体和动作	认知和语言	社会性和情绪
3岁至4岁	● 生长速度慢，身高有增长 **大动作** ● 摆动手臂走路 ● 单脚平衡 ● 骑儿童三轮车并能掌握方向 ● 快跑 ● 快速并顺利爬不同楼梯 ● 过肩投球有精准度 ● 跳起来接球	● 按照单一维度对物体归类（如颜色、大小、形状） ● 按表象来判断数量 ● 一一对应 ● 背到10 ● 理解数字代表数量 ● 注意广度增大；能注意到更多细节 ● 能执行包含3步的指令 ● 区分白天和黑夜 ● 喜欢并愿意参与读书和讲故事 ● 自我对话 ● 词汇量快速扩充	● 分享、轮流 ● 参与小组和合作游戏 ● 愿意让成人满意 ● 理解他人也会有想法、观点和记忆 ● 认为自己的想法、感觉和其他人的一样 ● 有一些与性别刻板印象相关的看法和行为

（续）

年龄	领域		
	身体和动作	认知和语言	社会性和情绪
3 岁 至 4 岁	**精细动作** ● 自己穿衣服，偶尔需要帮助 ● 用剪刀 ● 能按照示例画直线和圆 ● 画简单的人物像	● 说 4 ～ 5 个词的句子 ● 理解关系词（在上面、里面、下面）	● 用肢体表达强烈的情绪（如愤怒时会去撞击）
4 岁 至 6 岁	● 腿脚长长；身体比例接近成人 **大动作** ● 大动作更迅速敏捷 ● 独自上下楼，倒脚 ● 倒脚跳	● 从他人的角度对空间进行表征 ● 制定计划并预期结果 ● 根据功能分类 ● 根据不止一个维度排序（如颜色、大小、形状、重量） ● 能区分现实和想象 ● 理解时间概念，如昨天、今天和明天；使用钟表和日历	● 与成人相比，更喜欢同龄儿童 ● 可能有特别的或最好的朋友 ● 可以用语言表达强烈的情绪 ● 情绪变化很快

（续）

年龄	领域		
	身体和动作	认知和语言	社会性和情绪
4 岁 至 6 岁	● 爬和跑的动作更熟练 ● 只用手和手指投球、接球 ● 运球、颠球 **精细动作** ● 用剪刀沿着直线切割 ● 按示例画三角形和十字 ● 握笔更熟练 ● 有优势手	● 背数到20，点数到10 ● 知道字母和数字不同 ● 记住一些字母和数字序列 ● 认识一些印刷文字 ● 讲出熟悉的故事 ● 对一些词下定义 ● 问问题并期望得到有信息量的答案 ● 大约有 5000 的词汇量	● 意识到自己的行为会对他人造成什么样的影响 ● 在游戏和活动中更具合作性 ● 为了避免消极结果会违背规则

目　录

第四部分

走进 5 岁孩子的世界 /207

第一部分
读懂你的 5 岁孩子

第1章　蹦蹦跳跳的"永动机"
——5 岁孩子的身体和运动发展

第2章　准小学生的"装备"
——5 岁孩子的认知和能力发展

第3章　"我就是我"
——5 岁孩子的情绪和个性发展

第4章　懂规矩的小小社会人
——5 岁孩子的社会性发展

5～6岁是孩子幼儿期的最后一年。这一年，他们不仅在外形上更成熟，而且在运动、语言、认知、思维，特别是社会性方面也获得了更大的发展。5岁的孩子身体更加灵活矫健，部分孩子开始萌发抽象逻辑思维，喜欢研究事物表面背后的联系和规律，头脑中的无数个"为什么"以及积极探索的行为有时让家长和老师都难以招架。5岁的孩子慢慢地分清了现实和想象，情绪和行为的自控能力都有了长足的进步。他们的独立性增强，但是对父母依然依恋。他们的社会交往能力更强，大部分喜欢在群体中活动，喜欢交朋友。他们开始自觉遵守规则，遇到冲突时尽量克制自己。不过，5岁孩子仍然是不成熟的孩子，他们在不断地发展和完善自己。不同的孩子发展的速度和程度会有所不同，父母要理解孩子的现状，要看到孩子的进步，及时给予关键的支持和帮助。

第 *1* 章

蹦蹦跳跳的"永动机"

——5 岁孩子的身体和运动发展

5 岁孩子不论外形还是举止都像个"小大人"了。他们的身体充满了活力，是蹦蹦跳跳的"永动机"。他们用身体的活动扩展自己的活动范围，发展内在的力量与能力。相比之前，他们的大肌肉动作和小肌肉运动都得到了发展，协调性、灵活性和准确性更强。同时他们的自理能力也增强了，不仅能够自己的事情自己做，还可以当父母的小帮手了。

运动高手：大肌肉动作的发展

身高、体重和体态的变化

5～6 岁的孩子身高和体重增长比较缓慢（体重一年增加大约 2～3 千克，参考体重：男孩 15.9～21.1 千克，女孩 15.3～20.4 千克；身高一年增长 5～7.5 厘米，参考身高：男孩 106.1～125.8 厘米，女孩 104.9～125.4 厘米）。他们的肌肉和骨骼日渐强壮，小胳膊小腿更加结实，矮胖、头重脚轻的"小土豆"身材向着更加精瘦和挺直的方向转变，身体的比例更像大人。和 5 岁多的孩子一起出门，父母几乎不用再特意地放慢速度，他们走路的速度已经和成年人差不多，即使在不太平整的路面上也能保持平衡，不容易跌倒。身材细长的他们已经能够经常保持正确的站、坐和行走姿势，动作不再像小时候那么莽撞，显得更有"分寸"，不论是外表还是举止都是个"小大人"了。

精力充沛的"永动机"

5 岁的孩子和 4 岁的孩子一样，都是精力旺盛的"永动机"。你一定有过这样的经历：带孩子出门玩，大人已经感觉累了，孩子还是兴致勃勃、蹦蹦跳跳，不停地探索新鲜的事物！是的，孩子的精力就是那么旺盛。这股蓬勃的精力就是孩子成长的生命力！大肌肉运动可以促进孩子在其他领域的发展，增进健康，调节情绪，并且随着孩子探索外部世界的能力不断增强，认知发展也会得到促进。

身体控制能力增强，动作灵活准确

5 岁孩子的大脑重量已经达到成人的 90%，伴随着神经系统和心理的发育，5 岁的孩子动作的目的性和自控能力明显提高，动作更加协调、灵活和准确，进行更多复杂的运动也成为可能。孩子也感受到了自己身体能力的提高，他们更愿意尝试一些剧烈的、有难度的或者冒险的动作，并且充满了成就感。在幼儿园的大型玩具器械上或者是儿童游乐场中，大多 5 岁多的孩子能够灵活敏捷地玩各种活动器械，甚至攀岩、走绳梯、走摇摇晃晃的木板吊桥，都不在话下。他们跑、跳、攀、爬、滑、滚等的运动技巧已相当纯熟。

5 ～ 6 岁孩子能掌握相对复杂的运动技巧，经过学习大部分孩子都能学会连续跳绳和连续拍球。自行车、滑板车也常常是 5 岁孩子的最爱，还有很多孩子开始学习轮滑、乒乓球、羽毛球、游泳等体育项目。

力量、耐力和爆发力的发展

肌肉的发育使得 5 岁孩子的力量和耐力都变得更强，他们可以双手在单杠上悬吊好一阵子（20 秒左右），能单手将沙包向前投掷 5 米左右。在成人的陪伴下，他们能连续行走 1.5 公里以上。同时，5 岁孩子的爆发力也更强，能单脚连续向前跳 8 米左右，在平稳的地面上能连续快跑 25 米左右（数据引自《3 ～ 6 岁儿童学习与发展指南》）。

运动的意义及避免受伤

恰当的运动不仅能让孩子的体格更健壮、身材更匀称，还有利于培养孩子的自信、专注、毅力、团队合作等优秀品质。值得注意的是，5

岁孩子的机体组织仍然比较柔软稚嫩，轮滑等负重运动对关节肌肉的负担比较大，不适合长时间锻炼，以免损伤骨骼，影响骨骼发育。

超重的"小胖墩"在大动作的协调性、灵活性上就会比较差，而偏瘦弱的孩子则容易力量和耐力不够，父母需要有针对性地安排孩子的锻炼，调整饮食结构，以帮助孩子的身体更加健康、结实，动作更加灵巧协调。

灵巧的小手：精细动作和自理能力的发展

手部精细动作发展

5 岁的孩子手部小肌肉群比之前更发达，可以自如地控制手腕，手指的力量和灵活性也增加了。许多之前可以做的精细动作现在更加熟练和精准，比如串珠子、拉拉链、系纽扣、系鞋带、拼插积木、折纸和粘贴等等。如果之前有过持续的练习，大部分 5 岁多的孩子都可以熟练地使用筷子；能用剪刀沿着事先画好的线剪出各种图形，边线平滑且吻合。

5 岁的孩子对笔的控制更加娴熟，能根据需要画出更多复杂的图形，线条平滑流畅。随着对文字符号的兴趣不断增加，许多孩子喜欢写字了。当然刚开始的时候"写字"和"画画"差不多，是孩子对着字"照葫芦画瓢"，大小不一、歪七扭八都是正常的，但是慢慢地，字的大小和方向都会变得一致。这时要特别注意培养孩子正确的书写姿势，如果孩子的书写姿势有问题，一定要及时进行纠正，这需要家长耐心地示范和不断地鼓励。

自理能力发展

如果家长放手让孩子去实践，5～6岁的孩子已经有了相当强的自理能力，他们完全可以自己吃饭、穿衣、洗脸、刷牙、大小便等。不仅如此，他们还能帮父母做很多家务。在孩子更小的时候就已经有了"做家务"的行动（1岁多的小孩喜欢把垃圾往垃圾桶里放，还喜欢拿着纸巾擦桌子），但多数是模仿大人，探索一种新的行动，或者当做好玩的游戏。而5岁多的孩子大多已经能将劳动与游戏分开，你会发现你的孩子不再像以前一样"帮倒忙"了。他们可以整理床铺、扫地、擦桌子、洗衣服、洗碗、收拾自己的物品等，虽然活儿不一定做得熟练漂亮，但是毕竟是正经在干活了。有些动手能力强的孩子，甚至可以独立漂亮地做一顿饭，可以承担很多家务，让许多家有"熊孩子"的父母又赞叹又羡慕。如果你的孩子还要依赖大人穿衣洗漱，不肯做家务或者做家务"笨手笨脚"，也不必太着急。这也许是孩子劳动的积极性受到过打击，也许是你过去帮孩子做得太多形成了依赖。

Tips

现在开始放手让孩子自己做事情吧，开始做不好很正常，给他试错、犯错的机会，多练习，多鼓励，让孩子体会到自己的力量和成就感！

父母随笔

第 2 章

准小学生的"装备"

——5 岁孩子的认知和能力发展

抽象逻辑思维的萌芽与发展是 5 岁孩子的重要特点，他们对事物之间的联系、事物表面之下的规律开始愈发感兴趣，对身边的人和事以及大自然中的事物都充满了探究的渴望。思维的发展带动了语言、阅读、数字概念、时空理解等一系列的变化发展。5 岁的孩子已经慢慢开始做系统学习文化知识的准备，初步配备了进入小学学习的"装备"。

头脑风暴：抽象逻辑思维萌芽

抽象逻辑思维萌芽

一群孩子蹲在地上看蚂蚁。

"蚂蚁是不是世界上最小的动物？"

"蚂蚁是虫子不是动物，大象、狮子和小狗才是动物，动物有肉。"

"我觉得会动的都是动物。"

"那汽车也是动物啦？"

……

Tips

抽象逻辑思维在具体形象思维发展的基础上形成，是指依靠概念、判断以及推理而进行的思维，它反映事物的共同本质属性和规律性联系，是人类思维的典型形式，也是人类思维的最高级形式。一般来说，学龄前儿童还不能形成典型的逻辑思维方式，在5岁以后开始出现抽象逻辑思维的萌芽。

"快看，这只蚂蚁搬着一粒小花籽！"

"它是要回家吗，因为妈妈说过蚂蚁很勤劳，会储存粮食过冬。"

"也许它只是觉得好玩，拿来当皮球顶着玩呢。"

"咱们看一下它把种子搬到哪里吧，如果是搬到家里就说明是当粮食，如果走一会儿就放下了就说明是当皮球。"

孩子们聚精会神地盯着这只特殊的蚂蚁看，追随着它的踪迹。

……

这种讨论可能只是5岁孩子日常对话的一小部分，有没有佩服孩子们的探究精神和满口的"高级"词汇？这些头头是道的分析说明孩子们的思维有了新的飞跃。孩子在成长过程中，通过看到、听到、触摸到、品尝到各种事物，脑海中积累了大量具体感性的感受与情绪，在此基础上，慢慢归纳出抽象的概念，进行间接判断。孩子开始渴望了解事物的原因、结果、本质和相互关系等，他们不再满足于表面现象，而是会提出无数个"为什么"，还会思考与验证"为什么"，在这个过程中，抽象逻辑思维萌芽了。

对抽象概念的理解越来越深刻

5岁的孩子在生活中掌握了越来越多的抽象概念，比如，他们已经能够准确地理解并运用诸如水果、交通工具、玩具等集合概念，会把火车、轮船、汽车等放在一起，因为"它们都是交通工具"。在前面的例子里，孩子正在用自己的经验来总结"动物"这个概念（从这个例子也可以看出，在具体形象思维占主导的情况下，孩子们能说出抽象概念和掌握概念的内涵之间还有很大的距离）。孩子还能结合生活中的体验，去理解一些更抽象的概念，比如，"我打针不哭，我很勇敢。""大家都跟我打招呼，对我很热情。"这里的"勇敢"和"热情"都是抽象概念。

很多孩子到了 5 ～ 6 岁或者更大一点，有一个对抽象概念迷恋的时期，他们懵懵懂懂而又兴致勃勃地探讨诸如"幸福""浪费""自由""垂头丧气"等抽象词语，并在语言中运用起来，虽然有时候用得不太贴切甚至很搞笑，但这是一个抽象思维的完善过程。牛牛有一段时间，凡是他觉得"贵"的东西就告诫父母，买这个太浪费了！貌似他理解"浪费"就等于"花钱多"，后来跟他解释了一番"物有所值"和"物尽其用"的道理，他似乎明白了一些。有一次，牛牛爸爸看到他在一张大白纸上画了一点点东西，就说他浪费纸，他说，那我把空白的地方剪下来折纸吧，这样就不浪费了！

判断和推理能力的发展

5 岁之前的孩子依赖具体事物进行思维，事物的具体形象会影响孩子的判断。5～6 岁时，孩子的思维有了转折性的变化，他们经历了由直接判断向间接判断的转折。比如，远近不同、大小一样的楼房，问 3 岁的孩子哪个大，孩子会说距离近的那座大；而 5 岁的孩子一般能明白距离远近会造成视觉大小差异。

需要了解的是，即使 5 岁的孩子开始萌发间接判断，他们进行判断时，常常受知觉线索的左右，把直接观察到的事物的表面现象或事物间偶然的外部联系，作为事物的本质特征或规律性联系。当孩子约 7 岁之后才能做到以间接判断为主。

5 岁的孩子已经能做出一定的归纳与推理了。比如，他们即使第一次见到火烈鸟，也可以通过"有翅膀，嘴巴尖尖，有羽毛"等特点来推断这是一种鸟类。他们可以通过"小明很小气，总是不借东西给小朋友"来推断"他不会把蛋糕分享给我"。当然，由于缺乏生活经验和知识储备，5 岁孩子的有些推理和判断很幼稚，并不符合客观事实。比如，爷爷和爸爸对孩子比较严厉，而奶奶和妈妈比较包容，孩子会得出"男人厉害，女人好说话"的结论。如果连续几个周末下雨，他们也许会归纳出"周末比平时容易下雨"的结论。但是不管怎样，孩子小脑袋中的神经元已经悄悄发生了重要的变化，一步一步地朝着更理性、更有逻辑性的方向发展。

思维能力的提高促进一系列的发展

抽象逻辑思维的萌芽和发展，带动了孩子一系列变化和能力的飞跃。首先是语言，不论是聆听、理解还是表达，语言的发展和思维的发展总是相互促进；其次是阅读，孩子对故事前后脉络的联系和因果关系的理解，都离不开逻辑思维的发展；还有数学能力，也在这个时期有了质的飞跃，推理能力、守恒的概念、量的相对性、时空概念……都与抽象逻辑思维的发展密不可分；思维能力和活动范围的扩大，使得 5 岁的孩子喜欢在大自然中发现秘密，探究事物的本质，探索现象背后的原因。

逻辑思维仍处于萌芽状态

不过，我们需要了解的是，萌芽毕竟是萌芽，这仅是孩子思维的一个发展阶段，即使是 6 岁的孩子，其思维方式也是以具体形象思维为主，有着刻板和幼稚的特点，和成人的成熟思维有很大的不同。父母不能用成人思维的高度来要求孩子，正如不能用成人的道德标准来衡量孩子的行为一样。在生活中，父母要尽量让孩子自己体验丰富多彩的世界，增加孩子的感知和直接经验，同时引导孩子提出问题并积极思考和探索，这样才有利于孩子真正地理解概念，锻炼思维能力。脱离感知和实践的知识灌输，以及社会上一些以"右脑开发"为噱头的思维训练，并不能使孩子形成概念和真正理解本质规律，甚至会扼杀孩子思维的独立性和创造性，揠苗助长要不得！

温馨贴士

正确培养孩子思维能力的方法

◎不断丰富孩子的感性知识；

◎发展孩子的语言；

◎给孩子示范正确的思维方法；

◎激发孩子的求知欲；

◎通过游戏和小实验锻炼孩子的思考能力。

能说会道：口头语言能力的发展

词汇大量增加

5岁的孩子能比较流畅地讲述自己的所见所闻，表达自己对事情的看法。他们已经逐渐分清了现实和想象。虽然他们还会时常吹吹牛，或者为了其他原因故意不说出实情，但是他们很少会像小时候一样把想象和现实混为一谈。

　　5 岁的孩子对妈妈说："妈妈，你的审美不错，这件衣服很美丽！"妈妈开心地说："宝贝，谢谢你！"孩子继续说："其实吧，妈妈你不论穿哪件衣服，我都觉得你是世界上最漂亮的妈妈。"5 岁孩子就是这么"会聊天"了！他们掌握的词汇量快速增加，尤其是虚词，总词汇量增至约 2300 个，时常会冒出一些让人吃惊的表达。逻辑思维的发展和语言实践的增多，使得孩子对复句的应用更加娴熟而非简单的模仿用词，比如，"因为我不喜欢他，所以我不跟他一起玩。""只有爸爸心情好的时候，才能在沙发上跳。"如果你对 3 岁的孩子说"小明被小亮打了"，他可能都搞不清到底是谁打了谁，而 5 岁的孩子则再明白不过了。他们还能在生活中使用被动句来表达自己。

"情境性语言"过渡为"连贯性语言"

　　5 岁孩子的内部言语发展到了较高水平，外在的标志就是，从依赖具体情境和辅助手势表情的"情境性语言"慢慢过渡为句子完整、逻辑性强的"连贯性语言"，使听者仅从语言本身就能理解说话人的意思。孩子的思维能力已经具有一定逻辑性和连贯性，不会像年龄更小时话说到一半突然被其他事物分散注意力而中断，也不会说着说着就忘了自己要说什么。此外，他们的记忆力和信息加工能力都有所增强，因此，他们能够比较清晰地记忆一件事情，并用语言清晰有序地讲述出来，看下面的例子。

一个3岁多的孩子向别人讲自己昨天晚上做的事时会说："看到解放军了，打仗了，人很多，在电影上，太勇敢了。妈妈带我去的，还有爸爸。"听着有点莫名其妙是不是？小家伙一边讲一边做出手势和表情，好像别人已经很明白他说的话。而5岁多的孩子可能会说："昨晚，爸爸和妈妈带我去看电影了，名字叫《大决战》，很好看。很多解放军和敌人打仗，他们特别勇敢，最后胜利了！"

体会字面背后的意思

5岁之前的孩子更多的是理解语言字面的意义，比如，小班的老师看到一个孩子歪歪扭扭地坐着，会说"看XX坐得真好！"其他小朋友马上都学那个孩子的样子坐，他们还没有体会出老师在"说反话"。随着交流经验的积累和思维的发展，5岁的孩子已经能够辨别不同语调表达的不同意思，他们还能体会隐含的意义和幽默感。比如，孩子和妈妈在外面玩，看到一个冷饮摊，妈妈自言自语道："今天不算热。"孩子马上说："可是我渴了！"妈妈故意说："那我们买瓶矿泉水喝吧！"孩子语塞，半晌说："妈妈，我觉得对我来说冰淇淋最解渴了！"孩子一听妈妈说天气不热就判断出来妈妈不太想买冷饮，于是"迂回作战"，表达出他的真实意图——吃冰淇淋！

语言发展存在明显的个体差异

虽然词汇大量丰富，表达也基本流畅，但 5 岁的孩子毕竟还在学习与实践语言的过程中，在语言的运用上还经常会出错，如偶尔会发音不太准，也经常出现用词不当的现象，如把"得到表扬"说成"遭到表扬"等。这种情况就像刚开始写字母会左右写反一样，是非常正常的，大人无需特意纠正或者嘲笑孩子，平静地重复一下正确的用法，孩子会在运用中慢慢自己发现并自行纠正。孩子的思维正处于发展中，所以反映在语言上，有时候颠三倒四或者逻辑混乱也并不意外。另外，语言发展的个体差异也比较明显，这与孩子的逻辑思维能力、气质个性、家庭环境等因素有关。正常范围内的语言表现，父母不必焦虑，顺其自然即可。

初显"小文人"：书面语言能力的发展

符号敏感期的延续

大部分孩子 4 岁多（有的孩子更早）就会注意到身边的各种符号标志，并表示出强烈的好奇，比如地图上的图标，商场里的卫生间、消防栓等图示，马路上的交通符号，等等。到了 5 岁左右，随着观察和思维能力的提高，很多孩子开始对文字、数字等抽象符号表现出强烈的兴趣。他们已经知道把常见的文字和意义联系起来；在生活中遇到没见过的字时，5 岁多的孩子常常会缠着大人问这个字念什么，那个字什么意思；他们还会注意到同一个汉字可以用在不同的地方（如发现"方便面"和"便利店"里有同一个"便"字！）

孩子在图书或者生活中见到自己认识的字时，会很有成就感，从而强化了他们对字符的记忆。在强烈的兴趣驱使下，孩子在这个时期的识字量会有一个大爆发，父母会吃惊地发现，孩子不知不觉间已经认识那么多字了！

阅读能力增强，阅读热情高涨

5 岁左右的孩子对阅读的兴趣比之前更加强烈。认识了更多的字，可以独立读懂一个故事是很有成就感的事儿。但这并不意味着，孩子认识字多阅读水平就一定高，阅读能力是随着孩子的记忆和思维同步发展的。最初，孩子只能对书上的图画进行最直观的观察和描述，只能理解其中最为明显、最为简单的关系。到了 5 岁，孩子的阅读能力有着跨越性的发展，他们能够较为完整地理解故事情节，体会情节发展的因果关系，并在理解的基础上做出自己的分析判断，甚至能对故事加以改编和续编。与此同时，孩子通过日常交流、读书等活动认识很多字，一些孩子从 5 岁左右可以开始真正的自主阅读，逐渐理解书中文字表达的含义，通过文字的帮助（而不仅仅是图画）来理解故事的情节和情境。你可以观察到这个年龄的孩子对自己感兴趣的图书可以独立、专注地阅读很长时间，深深地沉浸在书的情节和气氛中。

当然并非所有孩子的识字和阅读能力都是同步发展的，这和很多因素有关，比如阅读环境、孩子的兴趣等。父母可以在平时与孩子做一些文字与相关的小游戏，最重要的要引导和保护他们对书的兴趣，尽量给孩子提供他们感兴趣的、适合他们阅读能力和心理特点的优秀图书。如果孩子更喜欢父母给他们读书，那就继续一起快乐地亲子阅读吧！如果孩子还没有养成阅读习惯，这时候父母一定要拿出时间来多陪孩子读

Tips

父母不要因为别的孩子认了很多字而刻意让自己的孩子识字，更不能强迫孩子生硬地去识字。

书，激发孩子阅读和对文字的兴趣。

喜欢写写画画

5 岁多的孩子已经认识到文字和符号可以表示很多信息了，会尝试用它们来表达自己的想法。他们具有极强的书写欲望，会写一些简单的汉字，即使无法正确书写汉字，他们也会试图"画"下来。有些孩子会不知疲倦地照着书本"写"字，有的孩子则是自己创造了很多类似"文字"的符号，还有的孩子喜欢在画画中插入文字来表达意思。这都是书写敏感期的表现，父母要做的就是给孩子提供条件，让他们尽情去"写"吧。

数学小能手：数学能力的发展

理解数量、集合等概念的能力提高

5 岁孩子数学能力的发展是和抽象逻辑思维的萌芽分不开的。随着感性经验的积累和思维能力的提高，他们对数的概念理解得更好，能够理解 10 以内自然数列的等差关系，三个相邻的数的关系，懂得为什么某数的两个相邻的数必定是几和几（例如，5 的好朋友是 4 和 6，因为 5 比 4 多 1，5 比 6 少 1），他们的运算能力也相应提高，能借助实际情境和操作（如合并或拿取）理解"加"和"减"的实际意义，能通过实物操作或其他方法进行 10 以内的加减运算。

5 岁孩子对集合的理解进一步提高和扩展。他们可以按照多个特征把物品进行分类。比如，分积木，可以先根据颜色来分，然后再根据形状来分。

理解量的相对性和守恒

5 岁的孩子能比较精确地感知物体的量，能对一组物品根据长短、高矮、粗细等特征进行区分和排列。他们已经理解物体的大小、长短、宽窄等都是相对的、有条件的，比如大碗和小碗相比时是大的，而和脸盆相比则变成了小的。

他们也逐渐理解物体在长度、面积、容积（体积）等方面的守恒现象。如果给一些 5 岁多的孩子呈现两块体积、形状都相同的橡皮泥，等孩子们确认者两块橡皮泥一样大之后，再当着孩子们的面把其中一块橡皮泥捏成长条，然后问他们："现在这两块橡皮泥还一样大吗？"大部分孩子都可以得出一样大的结论，而大部分 4 岁之前的孩子则认为这两块橡皮泥不一样大了。

认识几何图形的特征和组合关系

孩子对图形的认识是从生活中具体的物体开始的。家里有很多几何图形：圆圆的时钟、方形的桌椅、地板图案上的三角形……孩子触摸皮球可以感受到球体的浑圆，而积木盒子等则可以让他们感受到棱角。5 岁多的孩子已经能够理解各种几何图形的特征，同时理解图形之间比较复杂的组合关系。比如，在正方形上划一条对角线，可以将其分为两个三角形；长方形可以分成两个小长方形；两个半圆可以组合成一个圆，等等。所以在几何图形的组合拼搭方面，他们已经能够对组合结果实现心理预期，一般都可以用常见的几何形体有创意地拼搭造型或者创作简单的标志。同时，5 岁的孩子对立体图形也有了一定的认知，能分辨立方体、椎体等。

知识拓展

空间认知能力的发展

5 岁的孩子能分清自己的左右手，但往往不能正确辨识对面的人的左右手；他们大部分还说不出摆放物品的左右关系，但是能通过比对自己的左右手来间接判断；他们可以辨别离自己身体比较远的物体的方位。

空间感的完善使得 5 岁的孩子能比较流畅地按语言指示或根据简单示意图正确取放物品。

对时间的理解力增强

5 岁的孩子一般都明白一天分为上午、下午、晚上，知道什么是昨天和明天，同时，他们开始理解较长间隔的时间单位。例如，能认识一星期有七天以及每天的名称；能初步建立起时间更替（周期性）的观念，知道一个星期是连续不断、周而复始的，星期日过完又是星期一。这些对于 5 岁的孩子来说是个不小的飞跃。他们也知道四季的轮回，能通过景色、温度的不同来分辨春、夏、秋、冬。同时，他们也能区分较小的时间单位，例如，学习认识时钟时能学会看整点和半点。

需要了解的是，孩子学习了与时间相关的词语后，并非同时就掌握了这个词语的概念。单纯谈时间是很抽象的概念，最初孩子对时间的感知是与日常的具体生活联系在一起的。就算到了 5 岁，有时候孩子说"下星期"的意思也是指"以后的某个时间"。教会孩子说"明天上午"这个词，但并不意味着孩子真正理解，只有将"明天上午"和"打预防针"这个真实的生活经历联系起来，孩子才能逐渐掌握这个词的真实含义。

数学能力发展的个体差异和培养误区

孩子数学能力的发展有明显的个体差异，这与孩子的逻辑思维发展水平、本身的个性和兴趣以及家长的引导都有关系。如果孩子表现的得对数字不那么敏感，算数也不太利落，家长也不必太过苦恼，正常发展的孩子到了某个阶段其数学能力都会慢慢发展起来。如果想有所加强，父母可以和孩子玩一些有数学的游戏，如扑克牌或"超市收银员"的游戏，来提高孩子对数字和运算的兴趣，切忌枯燥地练习算术题，那不是 5 岁孩子所需要的。

很多家长都希望孩子的数学能力更强一点，使得将来学习不吃力。那是不是得让孩子多数数，多练习加减运算呢？是不是得用"珠心算"和"闪卡"来开发孩子的计算能力？其实这里有个误区，许多父母以为孩子的数学能力就等于算数能力。实际上，数学能力包括许多方面，除了算数能力，还包括空间认知能力、符号表达能力、判断推理能力、分类能力等多个方面。会算数并不等于数学能力水平高。某些速算训练是建立在死记硬背的基础上，从短期看，也许孩子会表现出让人瞠目结舌的计算能力；但是长远看，如果父母不遵循孩子认知发展的规律，一味训练孩子的算数，并不利于孩子形成完整严谨的数学逻辑思维，将来在真正的数学学习中也没有太大帮助。

天生的"艺术大师"：艺术能力的发展

感受和欣赏美的能力

　　美是想象与创造的源泉。孩子对真善美具有天然的感受力，而他们对外部世界的感受与理解常常会自发地通过某种艺术形式表现出来（最典型的就是涂鸦），这是孩子的天性。到了 5 岁，随着认知和想象力以及语言的发展，孩子们对美好事物不仅有着细腻的感受力与欣赏力，有时候还可以表达出自己独特的看法。孩子可能沉浸在对音乐的欣赏中从而对周围的人浑然不觉，也可能对美好的景色发出赞叹："天上的云彩好像彩色的棉花糖一样！"对于艺术作品，他们会边欣赏边结合自己的生活去理解。

　　每个孩子的心里都有一颗美的种子，美感教育应该融入孩子日常的生活中，如在体育运动中体会身体与力量的美；在人际交往中感受善行的美；在阅读中体会文字的美；在郊游过程中发现大自然的美；在科学探究过程中感受理性之美。对于美的符号化、形式化具有感知力，是儿童美感发展中具有里程碑意义的一步。

5 岁孩子艺术能力发展的特征

在绘画上，5 岁左右的孩子渐渐明白了各种事物的特征，也开始对事物之间的关系感兴趣。他们开始给所画的事物建立秩序，开始画基底线，把人和物品在基底线上排列。他们画的人物画不仅各个部分都比较完整，还有了更多的细节，比如衣服、扣子、头发的长短等。这个阶段孩子的自由创作并不是按照实际看到的或者经历的事物来画，而是把感兴趣的事情按照自己的认识画出来，所以许多孩子的画看上去并不精美，但是他们的兴趣点却非常突出。

5 岁孩子的理解和记忆力都更强，脑海中保存了很多事物的形象。他们可以凭想象画出幻想中的世界，也可以把听到的故事在头脑中形成印象后画出来。一个喜欢变形金刚的男孩，可以凭借想象把自己编进故事，和擎天柱一起去打击坏人，保护地球。而女孩大都喜欢画公主，甚至把自己画成公主在梦一般的花园中散步。

音乐方面，5 岁的孩子能理解和分辨响亮之声和柔和之声，能从一些简单的旋律或节奏模式中辨认出相同的部分；他们的节奏感也增强了，大多数 5 岁的孩子能准确模仿三四个音符组成的节奏模式；对音色、音高、力度、节奏、曲式等有一定的感受力；能根据不同的歌曲要求控制自己的歌声，在集体歌唱活动中能够产生初步的默契感。许多 5

岁的孩子能大大方方地上台独唱一首歌曲，音量的控制、音准和表现力都非常棒。

舞蹈方面，5 岁孩子的神经系统发育愈加成熟，身体协调性、平衡性、节奏感，以及手指的力量和灵活性都有长足发展，能够比较准确地按音乐的节奏做各种稍复杂的基本舞蹈动作；能独自或者与其他人配合完成一些舞蹈等表演性节目。在表演幼儿园的集体舞蹈时，大班孩子的动作明显更到位。此外，这个时候家长可以根据孩子的兴趣让他们学习某种乐器，比如弹钢琴或打击乐器等。

这一时期大多数孩子有自己比较喜欢的艺术创作活动，如画画、泥塑或其他手工制作等。一般来说，与之前相比，5 岁的孩子能比较熟练地使用工具和材料，进行造型或者构图。比如折纸，5 岁多的孩子能折出诸如皮球、小兔等比较复杂的东西，且折得比较平整端正。他们可以利用纸、泥、布或者自然材料（树叶等），用画、折、剪、贴、组装等多种技能制作手工艺术作品，并在制作过程中加入自己的感受和想法。

重视孩子的美育

很多时候，欣赏艺术和美好事物时产生的愉悦感是一种"只可意会，不可言传"的体验，是一种精神上的滋养。我们不能因为孩子表达不出来，就忽视孩子对美的精神需求，或者丑化孩子的审美品位。

市场上很多审美低下、花里胡哨的儿童用品或者动画片折射出很大一部分人对孩子的精神世界缺乏理解和尊重。我们需要的是多带孩子去体验美好的事物，用高雅和经典作品来熏陶孩子的心灵。

在培养孩子的美感时，应避免单纯追求艺术技法的学习。孩子的艺术活动最可贵之处在于，通过艺术创作来表达自己的感受和感情，如果只是一味地强调形式或者传授技艺（比如过早教授孩子绘画技巧，临摹素描等），孩子的作品看上去是很美，但没有情感在里面的艺术作品是没有灵魂的，丢掉感受去追求形式是实实在在的"买椟还珠"。而且，过早的技巧训练也容易使孩子对艺术丧失兴趣，损害孩子的创造力。正如画家林曦所说，美育比技巧重要一百倍。如果没有发现美的眼睛，没有感受美好事物的心灵，技巧再高超也不过是蹩脚画匠。

Tips

美能陶冶心灵、愉悦心情、塑造人格。我们要帮助孩子学会善于在生活中发现美、感受美，乐于用自己的方式表现和创造美。

第 *3* 章

"我就是我"

——5 岁孩子的情绪和个性发展

5 岁孩子的内心世界越来越丰富，他们的个性明显，意志力增强，行为坚持性更长。相比过去，5 岁的孩子显得更平和，能更好地控制自己的情绪，并会掩饰情绪。大部分时间他们很懂事，但偶尔也会情绪失控。5 岁起，男孩更像男孩，女孩也更像女孩了，他们甚至开始了最初的"爱的演习"。

风平浪静下的"暗流涌动"：情绪发展

情绪自控力增强

5 岁的哥哥正在画画，2 岁的弟弟跑过来也拿着一支笔在哥哥的画纸上画圈圈，哥哥喊道："走开！"可弟弟依然闹着要继续在哥哥的画上乱涂，并且完全破坏了哥哥的构图。哥哥被激怒了，他举起拳头但没有落下，而是空挥了一下，气哼哼地抢过自己的画去了别的房间。

看到了吧，5 岁的孩子好像突然懂事了很多，许多时候知道克制自己的情绪，对待生活中各种大大小小的如意或者不如意，他们开始表现得日渐成熟，不再像小时候那么容易和别人发生冲突，动辄嚎啕大哭，大吼大叫。

5 岁的孩子已经能够有意识地控制自己情感的外部表现，也学会使用一定的策略来掩饰自己的情绪。他们的情绪表达更加平和稳定，像小时候那样"大悲大喜""破涕为笑"的现象少了。他们表达情绪通常会考虑后果（哭闹会被老师批评，会被同伴嘲笑；而"好行为"会得到老师的表扬与同伴的认同），三思而行。随着共情能力的增强，他们会更加考虑别人的感受。所以当你的孩子克服不情愿去睡觉，当孩子愤怒时却能克制自己的行为，当孩子看到你难过时主动安慰你，你会欣慰地觉得孩子真的长大了！

情绪体验更加丰富

5 岁孩子的内心世界也越来越复杂，除了喜怒哀乐等常见的情绪，他们还逐步体验和理解了羞耻、嫉妒、自豪、失落等比较细腻的情感。有时父母经常猜不透孩子的内心有了什么情感波澜，只是看到他们沉静地思索，或者莫名其妙地伤心。就算是哭，他们也不像小时候那么容易嚎啕大哭，而是默默地流泪。这也许就是"成长的烦恼"吧，每次情绪历程都是孩子心理的整合，我们要做的主要是接纳和倾听，必要时候给予孩子建议和抚慰。

孩子"不成熟"是正常的

虽然 5 岁孩子的情绪控制能力得到了发展，但毕竟他们还是孩子，在一些情况下还是会失控和"发飙"，比如极度的愤怒和失望等。有时父母刚刚感叹孩子长大懂事了，他们就会闹一出莫名其妙大发雷霆的戏码。其实，孩子没有无缘无故的脾气，再莫名其妙和不可理喻都有背后的原因。接纳孩子的情绪是教会孩子控制情绪的第一步。作为父母，读懂孩子情绪背后的原因，尊重孩子发育的规律，帮助孩子体验情绪并恰当地表达情绪，学会做情绪的主人，这是非常重要的工作。

知识拓展

脑科学研究表明，人的大脑分为较原始的下层大脑和高级的上层大脑。下层大脑负责基本功能（如呼吸和眨眼等）、与生俱来的反应和冲动（攻击和躲避）以及强烈的情感（如愤怒和恐惧）。而上层大脑决定了明智的决策、对身体和情绪的控制、自我认识、共情和道德感等高级的思维功能。孩子一出生，下层大脑就已经十分发达，而上层大脑一直在忽快忽慢地大规模"施工"，要到二十几岁时才能够完全发育成熟。这也解释了为什么孩子容易被情绪控制。

女孩像妈妈，男孩像爸爸：性别概念的发展

"性器期"不可怕

孩子跟你讨论他是怎么生出来的，你会不会尴尬？男孩摸自己的小鸡鸡，你会不会严厉制止？女孩偷偷地抹妈妈的口红时，你会嘲笑她吗？

我们现在讨论的是孩子的性意识。其实孩子一出生就有性意识，只是此性非彼性，与成人想象和理解的"性"是完全不同的。这是自然规律，和"三翻六坐七爬"是一个意思。近年来，心理学家、生理学家和教育学家对孩子的性意识做了深入研究，从婴儿期到少年期，孩子的性意识分为口唇期、肛欲期、性器期、沉寂期和青春期。随着身体的发育，大约三四岁以后，孩子好奇心旺盛，可能会对生殖器产生兴趣，并好奇自己是怎么出生的。他们会玩一些"露屁屁""生孩子"的性游戏，但是此时并不是"性"的启蒙期，而是孩子在探索身体的秘密，是正常的现象。

当孩子玩弄自己的性器官时，很多家长会因为尴尬而板起面孔训斥

说："不准这样！"父母这种大惊小怪甚至充满鄙视的态度，可能会刺激孩子对性器官产生更大的兴趣，也可能导致孩子对性器官产生罪恶感，无法形成健康的性心理。正确的做法是顺其自然，在孩子需要解释和帮助的时候将符合他们年龄特征的知识自然地告诉他们，同时告诉孩子有些行为可能会对别人造成困扰，所以要注意场合，有些知识不适宜和同伴讨论。

形成性别稳定性

经过了最初对身体的好奇和探究阶段，大部分 5 岁的孩子已经明白男女身体结构是不同的，而且知道一个人的性别不会随年龄变化而变化，男孩会一直是男孩，女孩也会一直是女孩。随着社会性心理的发展和羞怯情绪的产生，许多 5 岁孩子不再像更小的孩子一样直接公开地去提问和探索关于性的问题，而是比较隐秘地自己查找答案。如果他们还对自己和别人的身体感兴趣，父母要告诉孩子注意场合和分寸，注意尊重别人和自己的隐私。像 3 岁的孩子一样，当众露屁屁或摸小鸡鸡的行为就必须要制止了。一般来说，到了 6 ～ 7 岁，孩子对性的探索热情会下降。

儿童性别概念的发展经历三个阶段：

首先是性别认同（2～3 岁），即儿童能正确认识自己和他人的性别；

其次是性别稳定性（4～5 岁），即知道性别不会随年龄而变化；

最后是性别恒常性的获得（6～7 岁），即懂得人的性别不会因服饰、形象或活动的改变而改变。

更关注社会性角色

5 岁的孩子比过去更加关注社会性的男女差别，这种关注从服饰开始。女孩会更"臭美"，喜欢漂亮的公主裙和首饰，化妆之后对着镜子美美地看不够。男孩则抗拒女性化的服饰，如男孩会因为妈妈买的新鞋子带着一点粉色装饰而拒绝穿。

5 岁的男孩会开始模仿爸爸的举止和语言，体会男人的社会角色和特点；女孩则会模仿妈妈或者其他亲近的女性。在角色扮演游戏中，男孩和女孩会分别扮演"爸爸"和"妈妈"的角色，体验不同的性别在家庭和社会中的分工与合作。他们也会通过模仿父母的交流方式来体验角色的情感，形成对父母的认同。

在日常活动中，5 岁的男孩和女孩参与活动的差异也越来越明显。

男孩更喜欢肢体打斗游戏，女孩则更喜欢角色扮演或者画画等精细动作的活动。这一方面是男孩与女孩神经系统发育不同的结果，另一方面也与孩子的性别刻板印象和自我性别认同有关。性别刻板印象受到多方面的影响，比如家长或老师的引导，潜移默化地传递给孩子这样的信息："女孩不能太闹""男子汉要勇敢"等；此外还有整体社会氛围的影响，如图书、电视的角色设置。

吃爸爸（妈妈）的醋属正常现象

有部分 5 岁的孩子会表现出对异性父母的依恋及对同性父母的排斥。看到父母比较亲密的样子会"吃醋"，想要独占妈妈（或爸爸）。精神分析大师弗洛伊德认为，4 ～ 6 岁的孩子都会出现俄狄浦斯情结，这是每个人在成长过程中必经的阶段。说到底，孩子只是比较好奇人与人之间的关系。这是孩子对自己性别角色的一种认知，也是对异性性别的一种认知。

父母切忌用成人的观点来评价孩子，否则会扰乱孩子的性别认知以及对自身性别的认同，给孩子造成不必要的心理压力。心理学家的建议是，重视夫妻关系，这才是家庭中最优先的关系，而不是亲子关系。要让孩子懂得尽管父母爱他，但父母才是最好的伴侣，而他只需做个快乐的孩子，安心地享受父母的爱。与此同时，他们需要努力向同性

Tips

性别刻板印象
刻板印象是指人们对某一社会群体的观点，认为某一群体的成员具有某些共同的特性。性别刻板印象就是对男性和女性的刻板印象，如认为男人更进取，女人更依赖；男人更有攻击性，女人更温和，等等。

父母靠拢，进入同性父母的世界，由此进入同性大世界，男孩才成为有魄力的男人，女孩才成为有魅力的女人。

孩子的"恋爱"只是演习

在这个阶段，有些父母发现，自己的孩子好像"恋爱"了，在幼儿园有了特别在意的异性小伙伴，他们每天期盼和"恋人"的相见；天天念叨对方的一举一动；他们甜蜜地手牵手走路；有时候会为闹别扭而郁闷；有时还会上演"三角关系"和"失恋"的戏码。

有些家长会觉得这就是孩子的简单模仿，当个玩笑一笑置之。有些家长把孩子之间的感情与成年人的爱情混为一谈，大惊小怪甚至责骂打击孩子。5～6岁是孩子情感发展的重要时期，儿童时期的"爱情钻石"一样晶莹而纯粹。孩子在儿童时期体验"爱情"的幸福，彼此关怀体贴以及经历"吃醋""失恋"等痛苦，其实是为他们将来进行成熟的恋爱进行的"预演"。就像一位教育家说的，18岁再理解爱与不爱的问题，可能真的就晚了。所以，家长要相信孩子，尊重孩子的感情；同时，在孩子遇到"感情问题"时应真诚地支持和帮助孩子，让他们明白，"爱"是美好的，但有时也会伴随着纠结和痛苦，因为你无法决定别人。

矛盾的"独立者"：自我意识的发展

自我评价的发展

5 岁的孩子更有主见了，在日常生活中他们可能会对很多问题发表自己的意见，也会对大人的行为和周围某些现象发表些"点评"。他们抗拒父母为他们安排一切，很多事情他们愿意自己做主。同样一件事，如果觉得这是自己的选择，他们就更乐意去做。

这一阶段的孩子，其社会性情感已经发展到较高的水平，他们的自尊心更强，比以往更在意父母是否给予他们足够的尊重和信任。他们对成人的评价持批判态度，如成人的评价不符合自己的评价，就会提出疑问，甚至表示反感。5 岁孩子的自我评价开始具体化，出现对内心品质的评价，且有评价依据。

独立又依赖

5 岁的孩子需要拥有自己的时间和空间来做自己想做的事情。他们很多时候会抛开父母兴高采烈地跟同伴玩耍，或独自坐在那里静静地发呆或者玩玩具，不喜欢父母打扰他们。有时他们对父母的"指挥"很是抵触，反而不好好做本想做的事情；但是如果父母对他们完全不管不问，他们又会觉得受到冷落，开始和父母腻歪、闹脾气。这个阶段的孩子有时候显得很矛盾，经常"闹独立"，不喜欢被打扰、干涉；但同时内心对父母还很依恋，渴望父母无条件的支持和爱。在遇到挫折的时候，他们会通过对着父母发泄来化解痛苦并且寻求安慰和支持。

尊重孩子的独立性，保护孩子的自信心

研究表明，儿童的独立自主与自信心呈明显的正相关，自信心强的孩子通常比较独立，经常会试图完成一些力所能及的事情，敢于表达与他人不同的意见；而自信心弱的孩子在群体中经常会表现出胆怯、自卑的状态，面对困难害怕失败，不敢尝试。

父母应该尊重和支持孩子的独立性，孩子自己的事情尽可能地让他们自己决定，自己负责。不要因为孩子经验少，有些事情做得不够好，有些观点不够成熟就嘲笑或者打击他们，这样会伤害孩子的自尊，影响其自信心。不过，放手不等于放任不管，毕竟 5 岁的孩子还无法独立解决一切问题，也无法独立完成一切事情。当孩子向父母寻求帮助和关爱时，父母要及时给予回应，让孩子知道爸爸妈妈永远爱他、接纳他，愿意支持和帮助他。在他们独自阅读或跟同伴玩耍时，父母也可以给予

适当的观察和关注，在适当的时机给他们关键的帮助。这样才能帮助孩子树立自信，总结经验，从而更加独立自主地解决问题。

"狮子"还是"绵羊"：个性分化明显

个性特征明显

5 岁的孩子性格特征已经很明显，个性基本确定。有的外向活泼，有的内向沉稳；有的闯劲儿十足，有的小心谨慎；有的对新环境适应很快，有的比较慢热；有的很随和，有的显得固执……许多父母总觉得自己孩子的性格不够完美，极具戏剧性的是，父母经常看到"别人家孩子"个性积极的一面，以至于"相互羡慕"经常发生。比如，小明的妈妈头疼小明是个冒失鬼，羡慕稳重的小亮；小亮的妈妈却觉得小亮缺乏勇气、不敢探索，羡慕勇往直前的小明。

决定和影响性格的因素

决定孩子性格的因素有很多，例如性格基因、周围的成长环境以及家长的教育方式等。其中天生携带的性格基因对孩子性格发展的大概方

Tips

世界上没有完全相同的两片树叶，也没有完全相同的两个孩子，即使是双胞胎，他们的性格也会有很大的不同。

向起着决定性的作用，在婴儿期孩子们就显示出不同的性格倾向：有的孩子特别爱哭，还不容易哄；有的孩子则总是很安静地睡觉。也就是说，孩子的个性倾向是天生的，有与生俱来的特点。

但这并不意味着孩子的个性是一成不变的，养育环境、教养方式以及重大事件都可能对个性产生重要影响。如果给予内向胆小的孩子以积极的支持和鼓励，他们也可以逐渐在交往中变得坦然大方，虽然未必是热情洋溢的"自来熟"。父母如果总是对孩子的性格不满意甚至贴负面标签，可能就此固化甚至强化孩子个性中的消极方面。生活中遇到重大的变故（比如亲人离世、灾祸）也会对性格造成影响。

每个孩子都是天使，理想中的"完美宝宝"并不存在。我们要接纳自己孩子的独特之处，给孩子营造充满爱的环境，让孩子按照自己的样子健康成长。另外，父母需要根据孩子的性格特点来进行养育，古代著名的教育家孔子推行的"因材施教"理念，也是这个道理。要引导孩子发挥个性中的积极方面，避免消极的影响。

坚定的"小哨兵"：意志力增强

行动的目的性和坚持性增强

意志是人在行动中自觉克服困难、以达到预定目的的心理过程，它是复杂的高级心理机能。到了 5 岁多，孩子才能在比较熟悉的活动中对自己提出较明确的行动目的，从而产生了有意注意、有意识记、有意想象。成人的正确教育与指导对孩子独立性品质的形成具有重要意义。在不良的影响下，幼儿易形成任性、执拗或过分依赖成人的不良品质。

行动过程中坚持性的增强是儿童意志发展的主要标志。随着自觉行动目的性的形成和动机水平的提高，孩子克服困难的能力增强，其坚持性有较明显的发展。著名心理学家马努依连柯在"哨兵站岗"实验中，发现孩子有意保持特定姿势的时间会随年龄的增长而增长。3～4 岁平均保持时间仅 18 秒，4～5 岁则提高到 2 分 15 秒。由于游戏中的角色本身包含着行为准则，儿童为了在游戏中实现角色职责，能抗拒各诱惑，控制自己的行为。5 岁的孩子较之以前，能克服环境的影响坚持行动达到目的。但毕竟孩子的意志力还处于发展的低级阶段，并且会受到兴趣和自我评价的影响，当兴趣转移或遇到困难时也常常会半途而废。

自制力明显提高

自制力是意志行动的重要成分之一。随着年龄的增长，孩子大脑皮质抑制机能逐渐发展，这是自制力发展的前提。孩子在成人的指导下，通过与外界环境的不断交往，从接受外部的言语指导及诱因，逐渐发展到根据自身要求和内部诱因控制自己的行为，从不自觉的行动逐渐发展到自觉的行动，逐渐克服冲动性，自制力得到了发展。

相关研究显示，5 ～ 6 岁孩子的自制力明显提高，活动结果在行动中所占的分量不断增加，能比较准确地按成人要求行动。但由于幼儿大脑皮质的兴奋仍相对占较大优势，言语思维发展水平还较低，行为易受当时外界事物或情境的引诱，从而更多地表现为冲动性，自制能力较之成人仍有很大差距。

孩子在感兴趣的活动中容易控制自己的行动，因此，家长和老师应通过游戏、作业、劳动等活动，为孩子的意志发展创设锻炼机会，并及时给予详细、明确、具体的言语指导。优良的意志品质，不仅有利于孩子良好个性的形成，而且为孩子进入小学学习准备了条件。

第 **4** 章

懂规矩的小小社会人

——5岁孩子的社会性发展

5岁孩子的社会交往能力进一步提高，共情能力得以发展，发生矛盾时能选择适当的解决方法，攻击行为减少，同伴的影响加强。他们热衷于群体交往，并能遵守一定的规则，可以进行分工合作。5岁的孩子能逐步理解国家、集体等抽象概念，有了初步的集体归属感和民族自豪感。

暖心的小天使：社会交往能力的发展

共情能力的发展

5岁孩子的共情能力有了较为完善的发展，他们开始深入地关注和理解他人的心情与情绪，能够根据他人的言行、表情等外在表现来体会其内心想法，并且体验到对方的喜怒哀乐。这对促进孩子的社会性发展非常重要。美国心理学家霍夫曼指出："共情是诸如助人、抚慰、关心、合作、分享等亲社会行为的动机基础。"

共情是一种内在的自我调节能力，对于引导孩子的行为，有时比外在的约束限制更有效。共情会让孩子产

生一种内在的自觉性，要求自己能使别人快乐，不让别人难过，否则
自己会感到不舒服。比如，有过打人行为的孩子，以后遇到类似的情
境想要再次举起拳头之前，如果能回忆起以往的体验，如被打的伙伴
痛苦的感觉，他们哭泣的样子，就可能会抑制自己的不良行为。同理，
他们也愿意去做那些让别人快乐的事情来获得快乐的感觉。主动关心帮
助他人是 5 岁孩子的明显特点，这是社会性发展的结果。

共情能力的发展也存在个体差异。有的孩子可能表现得比较冷漠，
有的在陌生人面前非常羞怯，不敢表达自己。这和很多因素有关，比
如个性因素、亲子关系的质量、家人的教育等。我们可以用榜样、鼓励
等方式放大孩子关心别人、帮助别人等行为，平时多通过故事、角色扮
演等引导孩子站在别人的角度看问题，培养共情能力。

知识拓展

共情与同情的区别

共情是指在人际交往中，人们彼此的感情相互作用，当一个人感
知到对方的某种情绪时，自己也能体验到相应的情绪。比如，别人因得
到心爱的玩具而高兴，自己也跟着高兴；别人因没法玩玩具而难过，自
己也为之难过。共情包括两个方面：首先要感受别人的情绪情感状态，
其次接受这种状态并将自己置于别人的处境，设身处地为别人着想，因
而产生相应的情绪。共情与同情有所区别，同情更多的是理解他人的感
受，并不表示我们与他人有相同的感受。

交往能力增强，攻击行为减少

孩子的交往能力包括与家人、老师、同伴和陌生人等的交往。5 岁孩子的交往能力明显比之前增强，他们能通过语言表达自己的看法，交流共享信息。他们会通过一些交往技巧、寻找多种途径来得到想要的结果或融入新的群体。例如，我们经常能看到 5 岁的孩子在公共游戏场所主动向陌生小朋友借玩具，或主动与别人沟通申请加入某个游戏。在交往的过程中，他们能通过感情交流（套近乎）、交换玩具、建立规则（轮流玩耍）等技巧来促进交往的顺利进行。

此外，5 岁孩子处理冲突的能力也有所增强。冲突处理能力是检测孩子社会性发展水平和适应能力的重要指标。由于缺乏经验、自制力较弱，当发生同伴冲突时，孩子一般缺乏合理的策略，容易以消极、过激的甚至是攻击性的方式来解决。而 5 岁多的孩子自控力和规则意识都有所增加，社交技能和共情能力也发展了，所以在处理冲突的时候，较之以前，会平和一些，会使用轮流、等待、谦让、分享、合作等交往技能来处理问题，情绪失控和攻击行为有所下降。

每个幼儿园都有个别小朋友比其他人攻击性强，这些孩子一般容易遭到孤立和冷落。一般来说，5 岁孩子的工具性攻击比例下降，而敌意性攻击比例上升。有关研究显示，幼儿的攻击性行为受到很多因素的影

Tips

工具性攻击是个体为了争夺物品、领土或权力而发生的身体上的冲突，其目的是得到想要的东西或保护那些他们认为属于自己的东西，并不是故意伤害他人；敌意性攻击则是通常无缘无故，或是为报复感觉受到的侮辱与伤害等，是故意伤害别人。

响：孩子的气质和认知水平、孩子生理和心理基本需求的满足程度、孩子日常接触的榜样、电视和书籍中等角色情节的影响。家长要满足孩子的心理需求，创造和谐的家庭环境，注意周围的环境影响，以减少孩子的攻击性行为。

同伴的影响增大

对 5 岁的孩子来说，同伴的影响力越来越大了，不再像过去那样父母和老师的影响力占绝对性。他们在选择朋友时有了明显的精神倾向，不再像年龄更小时交朋友只是为了交换玩具或者仅仅就是在一起玩。他们开始有了自己的朋友圈，更喜欢与特定的一个或几个小伙伴一起玩耍和做事情。大多数孩子有了固定的好朋友，即使不是每天都见面，但这几个好朋友的友谊一般是稳定的，不会因为不在一起玩就不是好朋友了。他们会与好朋友分享自己的新发现以及想法，这些想法甚至不会告诉其他同伴或者成人。虽然朋友有时候也会因为矛盾宣告"绝交"，但是，比起之前以交换为目的的友谊而言已经进了一大步。

5 岁的孩子喜欢和好朋友用同样的东西，甚至穿同样的衣服。有的父母发现孩子看到同伴有什么东西也会向家长索要，就下意识地觉得是孩子在攀比，其实未必。和小伙伴穿同样的衣服、用同样的东西、说同样的话、摆同样的姿势，做相同的事情……这些都是 5 岁左右的孩子交朋友的一种方式，也是孩子在人际交往中发现了的秘密：如果能和别人保持一致，就能很快被接纳，并很好地维持友谊。这是孩子从交换物品策略"进化"出的交友方式，是其社会化发展的标志。有时，父母会觉得孩子跟同伴学的东西不太"好"（比如奇怪的用词，不雅观的动作等），但是这时候父母一定不要粗暴地干涉孩子交友，我们要明白这是孩子社会化发展中的一环。

"孩子王"出现：群体交往中的分工合作

合作游戏中的分工合作

5 岁的孩子基本不再满足于和小伙伴一对一的交往，而是开始了三人一群五人一伙的群体交往。孩子们越来越喜欢同伴间的交流和游戏，能够理解很多事情不是一个人能独立完成的，逐渐明白了合作的重要性，并学会了分工合作。在共同活动中孩子们逐步认可某一同伴成为领袖来分配任务、控制进度；遇到困难时，他们能够做到集思广益想办法。

孩子们的合作在游戏中表现得最明显，4 岁多的孩子还是以联合游戏为主，分享共用玩具和物品，但是很难围绕同一个目标分工合作。到了 5 岁，孩子开始喜欢参加合作游戏，为了某些共同的游戏目标而聚在一起，彼此分工合作，具有一定的组织性。你会发现一群孩子在假扮游戏中互相指定角色，设计游戏情节，并在想象世界中一起探讨和解决问题。比如，在医院游戏中，有人当医生，有人当生病的宝宝，有人当宝宝的妈妈，有人当护士，大家各司其职、相互协调。这也反映了孩子社会交往能力的发展。

群体活动中的分工和"等级"

在群体活动中，因为孩子的性格、身高、体力等不同，逐渐分化出"领导者"和"跟随者"等不同的身份。在健康的小团体中，大家相互协作、相互支持、相互关怀，遇到问题共同解决。而在某些情况下，"孩子王"会代表控制者的角色，利用号召力和威望来迫使其他小伙伴听从他的所有安排，如果有人不服从就会受到大家的排挤。不论是哪种情况，这都是孩子对成人社会的"预演"，孩子们在控制与反抗、合作与孤立中学会与人打交道，学会处理同伴关系和各种情绪。

按规矩办事：规则意识增强

更愿意遵守规则

5 岁的孩子已经理解了规则的含义，凡事愿意按规矩来。他们已经有了比较明确的是非观念，知道"想要"和"应该"的区别，会控制自己的情绪和冲动来遵守规则。羞耻感的发展使得 5 岁的孩子会在犯错时感到羞愧，会在意他人对自己的态度和评价，所以愿意约束自己来遵守规则。比如，老师对大家说："看着我，不要乱动桌子上的东西。"小班的孩子可能一会儿就觉得无聊，不看老师了，总是需要老师提醒；而大部分大班的孩子则会控制自己想动的冲动，坚持看老师。

在孩子的自发游戏中，5 岁多的孩子已经可以自己建立简单的规则和目标，自觉地维护这个规则，如果有伙伴违反规则会受到其他人的一致谴责。在棋类等输赢游戏中，规则显得更加重要。不同的孩子对规则的认同程度和遵守程度会不一致，有时候对规则的认同程度是孩子在游戏中发生冲突的主要来源。

开始理解抽象的规则

5 岁孩子的认知范围已经扩展了很多，他们开始接触很多抽象概念，并开始理解比较抽象的规则。他们需要遵守的规则逐步由与自己息息相关的规则过渡到比较抽象的社会行为规则，比如保护环境、爱护公物等。他们能够理解一些抽象的事物，不再将目光局限在自己的身边，而是能够用更为广阔的眼光去看待世界，去理解社会。比如，过去他们知道不能打人，否则就会没有人愿意和他们一起玩。现在他们知道乱扔垃圾会让地球生态遭到破坏，所以要把垃圾分类放到垃圾桶中。

遵守规则需要"耳濡目染"

5 岁的孩子自觉遵守规则，这是明显的社会性进步。对规则的认同和遵守与孩子的自制力、外在评价、内在秩序感都有密切的关系，这需要家长和幼儿园一起配合，通过多种方式来培养，其中重要的因素是榜样的力量。孩子的许多行为是在日常生活中习得的，耳濡目染比说教的作用更大。家长是孩子的榜样，若要孩子守规矩，首先自己要遵守规则，如果自己闯红灯、在公共场合大声喧哗，怎么能指望孩子遵守社会行为规范呢？

小集体与大国家：集体归属感和民族自豪感

　　5 岁的孩子会知道自己是集体的一员，他们开始关注他人和自己所在的集体，而不再仅仅是自己熟悉的亲人。他们能为了集体的荣誉进行合作，克服自己的惰性从而坚持行动，并在集体获得荣誉后感到自豪。比如，自己班获得了文艺表演的一等奖，这会让班里的每个孩子兴奋不已。自己小组得到了"带球跑比赛"第一名，孩子就会回家高兴地跟父母说个不停。

　　思维的发展使他们理解了一些更抽象的概念，比如祖国、家乡等。在大人的引导下，5 岁的孩子可以逐步理解国籍的含义，通过了解中国的版图、国旗、国徽、国歌等从而了解自己是中国人，并为自己是中国人感到自豪。当看到阅兵仪式上威武的解放军展示国防实力，看到奥运健儿取得冠军，孩子们都会由衷的自豪。最初的爱国主义教育就是让孩子们知道祖国就是我们的大家庭，不能做有损于国家的事情，自己的言行要为祖国增光。

　　不管是家还是国家，只有了解后才会有归属感，才能热爱。对于祖国的概念孩子并没有全面的理解。父母应该在日常的言行中潜移默化地引导孩子热爱祖国，比如向孩子展示中国人的发明创造和重大成就，带孩子旅行去体验祖国山河的丰富多彩，教育他们升国旗时要肃立行注目礼等，从而引导孩子产生民族自豪感。

第二部分
做智慧的"5岁"父母

父母是孩子最初的世界，也是孩子的第一任老师。5岁的孩子有了一些新的发展和变化，作为父母的你准备好了吗？作为父母，除了继续陪伴孩子的"吃喝玩乐"，关心孩子的一点一滴的变化外，父母们需要着重注意在哪些方面提供帮助？本部分着重讨论了阅读、运动和探索这三个方面。当然，其他方面也很重要，但是这几个方面是"5岁"父母容易忽视的发展关键期。5岁的孩子容易出现撒谎、发脾气等问题，父母又该如何面对？另外，对于养育中的一些有争议的问题，这里也尝试做出一些分析供父母们参考。总之，父母首先要了解自己的孩子，然后了解孩子成长的规律，这样才能做到心中有数，做不焦虑的"5岁"父母，并给予孩子更恰当的引导。

第 1 章

孩子5岁了，你准备好了吗?

恭喜你! 陪孩子进入5岁的新阶段，你当父母也进入了第六个年头。对于5岁的孩子给你的喜悦和挑战，你都准备好了吗? 面对即将要上小学的孩子，父母该如何定位自己的角色? 教给孩子什么才是最重要的? 为什么学习了很多育儿理论和技巧却不管用? 如果你有这些困惑，咱们一起来探讨。

恭喜你，陪孩子步入新阶段

不知不觉，你的孩子已经迈入了5岁的门槛。还记得初入园在幼儿园门口哇哇大哭的"小屁孩"吗? 如今他已经上了大班，马上就要步入校门变成"小豆包"了。还记得他走路摇摇晃晃像只小鸭子的憨样吗? 现在他已经跑跳自如灵活得像只小猴子。还记得他黏在妈妈身边撒娇的情景吗? 现在，他有了一群小伙伴开心地一起玩耍……你会不会经常发出感慨: 时间都去哪儿了? 一眨眼孩子这么大了! 是的，不知不觉中，可爱的1岁，麻烦的2岁，叛逆的3岁……都已经或顺利或坎坷地度过了，看着眼前这个懂事的"小大人"，你会觉得陪伴中的那些酸甜苦辣、欢笑幸福和焦虑烦恼都是值得的！

5 岁是段美好的年龄，也是"成长的烦恼"越来越多的年龄。你的孩子会在你疲惫时体贴地给你捶背，也会在你意想不到时发飙；他会在你生日时拿出精心准备的手工礼物送给你，也会偷偷把家里的大小物件拆散来研究；他会严肃地跟你讨论"为什么孙悟空不一个筋斗飞到西天把经书取回来"；也会在绊倒妹妹后一本正经地告诉你，"我没有动妹妹，她自己摔倒的"！总之，孩子已经进入了新阶段，一个体力和智力飞速发展、时而可爱、时而可恶的 5 岁娃站在你的面前！接下来的一年中，你还会收获很多新的惊喜与烦恼，好像一场有趣的冒险之旅，和孩子一起去经历吧！

5 岁这年，你将会面临哪些挑战？

5 岁孩子的父母面临的挑战

孩子越来越大，夫妻之间什么话都容易被"小贼耳朵"听到，而且还学舌，还问东问西，搞得你没有了隐私！

孩子的主意越来越大了，什么都想自己决定，好说歹说都不愿意听大人的，逼急了，还跟你发脾气！

隔壁家的孩子报了英语班和跆拳道，楼下邻居家的孩子报了美术班和架子鼓，同事的孩子不是学钢琴就是学围棋……咱家的孩子也得学点啥吧？

孩子快要上小学了，怎么让孩子能顺利适应小学的生活呢？是不是应该上"衔接班"，学学拼音和算数？

孩子总是问些稀奇古怪的问题，越来越难应付了？

……

温馨贴士

令父母焦虑的 N 个问题

如果去问问周围的父母，或者去论坛上看看求助的帖子，哪一个问题的背后似乎都能看到父母们焦虑的脸。

◎孩子的好朋友看着一身坏毛病，把我家孩子带坏了咋办？

◎我知道不能对孩子发脾气，可是他总是挑战我的底线，不发飙就蹬鼻子上脸！

◎孩子性格太软弱了，总是被欺负。

◎孩子坐不住，注意力不集中！

……

5 岁孩子那些让你头疼的行为真的是问题吗？5 岁孩子身上令父母们担心和着急的不当行为五花八门，大致可分为以下三种类型。

◇第一种：和孩子的年龄特点相关，阶段性的行为。

5 岁多的孩子会故意不说实话，这并非是"成心撒谎"，而是想试探他人的心智或者试图找到"省事"的方法。5 岁的孩子会收集一堆"破烂"当做宝贝研究，搞"小实验"把家里弄得一片狼藉……这不是 5 岁的孩子故意不听话，故意搞破坏，而是到了探索的敏感期，喜欢探究事物背后的奥秘。

如果不去人为地强化（强烈的赞叹和反对都是强化），孩子的这些阶段性的行为过一阵会自然消失，进入更新的层次和阶段。但这并不是说父母对这些行为就"不能管"，而是我们要搞清楚行为背后的原因，尊重孩子发展的规律。如果孩子的行为触犯了底线，比如伤害到了自己或别人，父母就必须及时制止，并且让孩子明白规则的边界。如果没有越界，最好的方法就是顺其自然。孩子做事情时因为知识、技能和经验的不足而造成的不良后果如果也算作"不当行为"的话，那么也应该归在这一类。孩子就是在不断的"试错"中增长知识和经验的，因此，父母责骂就是遏制孩子的成长。

◇第二种：和孩子的气质类型相关，不好改变，也没有必要非得让孩子改头换面。

父母心中都住着一个完美的孩子：活泼、大方、有礼貌，学习、运动顶呱呱，不发脾气、不乱闹，举止得体人人夸……就算许多理智型的父母学习了很多育儿知识，有时候也忍不住羡慕"别人家的孩子"。其实，孩子的个性不同，对于"调皮""人来疯""倔强"等这些所谓"缺点"，我们要做的是全面地理性看待，确定行为的界限和规则。如果孩子没有打扰到别人，要求一个活泼好动的孩子时刻"正襟危坐"值得吗？首先父母要接纳孩子本来的样子，然后强化其个性中积极的方面、弱化消极方面才是正理。

◇第三种：确实是不良行为，需要考察原因和背后的动机，而非仅仅去"扳"行为。

美国教育家简·尼尔森（Jane Nelsen）说过：最惹人讨厌的孩子，往往是最需要爱的孩子。相信是孩子内在的某种"需求"无法满足才导致某种不良行为，而不是因为孩子"使坏"。如果我们对孩子的"错误"有这样的认识，那么很多时候我们的心态就会不一样。

如果我们对孩子的行为能做到不贴标签，不下意识地责备，而是试图了解和换位思考，我们才有机会接近孩子的内心，接近事情的真相。当孩子的需求被看到，被理解，他会更愿意配合父母；而被"误解"的委屈最容易引起孩子的反抗。

接纳孩子的情绪和需求而非所有的行为

父母理解和接纳孩子的需求与情绪，并非是要接纳孩子的所有行为。现在有些父母接受了新的教育理念，主张尊重孩子，给孩子自由；但是有时也会走入误区，以为让孩子随着自己的意愿做事就是给孩子自由了，甚至当孩子做出明显的超越界限的行为时也不去阻止。这样其实是对孩子的伤害。尊重、理解和接纳孩子的行为与给孩子立规矩并不矛盾。5岁的孩子正处于规则建立的关键期，引导孩子理解规则、接受规则的约束，从而适应外界的社会，这是非常重要的。关键在于父母如何引导！

养孩子就像打怪兽，一关关地过

我们希望孩子的成长一切如我们所愿，可是，有时候养孩子就像是打怪兽的游戏，需要一关一关地过，每一关都有新的挑战，不时冒出一个棘手的"大 BOSS"让我们头疼万分。你要做的是，对挑战做好心理准备和"战略布局"。

也许你会说，你说得简单！是的，说简单也简单，说复杂也复杂。简单的是孩子有自己成长的规律，只要我们顺应规律就不会偏差太多；

复杂的是，孩子的成长受很多因素影响，而且孩子越大，影响因素越多，从环境改变到夫妻关系，从家庭氛围到家庭成员的习惯，从幼儿园风格到同伴的交往……而且更复杂的是，很多时候孩子的发展成长是递进的，如果前面的阶段发展有缺憾，也许当时没有具体的表现，但是会在后面的阶段表现出来。例如，两三岁的孩子处于秩序敏感期，他们对"顺序""完美"的要求总是被父母指责打压，可能会在 5 岁时表现出对规则的漠视和严重的叛逆。

现在你是不是有点头大？其实，也不必太焦虑。大多数父母都和你一样，在享受养育孩子的快乐和成就感的同时，也不时地遭遇挑战和挫折。我们学习育儿知识和教育理论不是为了造就完美的孩子，而是更好地帮助孩子成为他自己，更好地帮助孩子在每一个关键期发展应该发展的能力，体验应该体验的经历和情绪，得到正常的成长机会。

> **Tips**
>
> 作为父母，我们都会犯错，只要我们善于学习和反省，并且孩子的成长有自己的纠错机制，请放轻松些！

重新设计你的父母角色

父母是孩子的教练

父母是孩子的抚养人，给予孩子喂养、陪伴和教育。对 5 岁孩子的父母来说，有一个角色必须重视——教练！

台湾儿童教育专家蒋佩蓉老师曾经总结过做孩子教练的五个步骤：第一步，我一边做一边教导和解释，你在旁边看、提问、了解；第二步，我做，你在旁边一边看一边模仿，一边帮助我做。我们一起讨论过程中可能有的难处、疑问，还有需要做的调整；第三步，你做，我在旁边帮忙和指导。我们一起讨论做的过程带来的感受、成就，还有需要做的调整；第四步，你做，我在旁边看，不仅给予具体改进的建议，也不断地肯定和鼓励；第五步，你做给别人看。当一个人把自己的功夫或知识教给别人的时候，他对这一门学问会更加精通。

我们要做孩子的**社会规范教练**：教孩子礼仪知识、各种公共规则和行为规范……

我们要做孩子的**社交教练**：教孩子怎么交朋友，怎么处理朋友之间的分歧，怎么理解和关心他人……

我们要做孩子的**情绪教练**：教孩子认识和体会自己和他人的情绪，接纳自己和他人的情绪，用恰当的方式来表达情绪……

我们要做孩子的**生活技能教练**：教孩子如何叠衣服、如何扫地、整理物品、择菜做饭……

无论想让孩子掌握什么技巧，做教练的步骤都差不多。只是我们要记住，教练既不是首领，也不是仆人，而是要帮助孩子学习技巧，适应规则，更好地成长。

"懒妈"养出独立娃是真的吗？

拿孩子的自理能力来讲，记得有人说过，培养孩子独立性最重要的是什么？那就是父母的"懒"和"不管"！虽然有点夸张，但是事实上，事无巨细的代劳的确是扼杀孩子独立性和自理能力的"大棒"！

5岁的孩子自理能力强，前提是必须要在"教练"的指导下学习和练习，至少不能剥夺孩子自己学习的机会。牛牛快六岁了，想喝水还会喊："妈妈，帮我倒杯水吧！"因为每次妈妈都是把水送到他嘴边。有一天，妈妈正忙，觉得孩子这么大了应该自己倒水，于是就让牛牛自己倒。牛牛抱着水壶一倾，"呼啦"一下，水漫金山了，幸好没有烫到。妈妈又生气又担心，皱着眉头收拾残局，下次牛牛说什么都不愿意自己倒水了……后来牛牛妈妈进行反省，这不能怪孩子啊，明明是自己从没教过孩子倒水，没给孩子练习的机会！

不放手的父母才是真的"懒"

其实父母只要放手，用"教练五部曲"去锻炼孩子自己做事，孩子开始做不好的事情慢慢都会越做越好。凡事都有过程，多鼓励，少求全责备。父母不放手，看上去很辛苦，有时候却是源于"懒"——懒得训练孩子，懒得收拾孩子做事后的烂摊子，不如顺手做了事情来得省事儿。但后果却是剥夺了孩子的动手机会和成就感，造就出一个"四体不勤，五谷不分"的小少爷或小公主，然后再幻想孩子突然之间什么都会，结果只能是失望。

在世界上所有的感情中，只有父母对孩子的爱是推着孩子走向独立，走向分离的。虽然 5 岁的孩子还需要我们照顾，需要我们指导和帮助；但是，在独立性发展的关键期，父母最需要做的也许是忍住自己"帮忙"和"控制"的冲动，让孩子自己来，自己体验世界和社会的规律，自己学习生活的技能，让孩子从失误中得到经验和教训，从而增长真正的知识和自信，走向独立。

给"5 岁"父母的几点提醒

态度上要轻松，战略上要重视

虽然"5 岁决定孩子的一生"这种话有些标题党的味道，但是 5 岁这个年龄段的重要性不容置疑。5 ~ 6 岁是学前期的最后阶段，这个阶段孩子的个性基本定型，智能发展迅速，记忆力、专注力提高，思维慢慢向逻辑思维转变，许多社会化习惯也已养成……孩子马上要进入小学，将开始近20年的学校学习生涯，所谓的"幼小衔接"话题也已经提上日程。总体来说，幼小衔接在文化、知识技能、语言、逻辑思维、艺术表达等方面都对孩子的入学做好知识准备。但是父母最容易忽视的是孩子的心理准备、思维方式、社会性适应等方面的问题。我们要做的归纳起来就是三条：保护和激发孩子对小学生活的热情和憧憬；培养和强化学校学习需要准备的技能知识；潜移默化地养成适宜的行为习惯。

叶圣陶先生曾经说道："什么是教育？简单一句话，就是要养成习惯。德育就是要养成良好的行为习惯，智育就是要养成良好的学习习惯，体育就是要养成良好的锻炼身体的习惯。"好习惯受益一生，5岁是许多行为习惯养成的关键期，所以父母一定要重视！

与其"教育"孩子，不如成为他的玩伴

游戏是孩子探索世界、尝试成人角色和技巧的方式，对孩子的发展有非常重要的意义。比如，集体假装表演游戏要顺利进行，孩子们就必须分工合作，商量分配角色，于是沟通和合作能力得到锻炼；他们还要体会角色的感受，共情能力得到锻炼；他们还要表演逼真，表达和模仿能力得到锻炼。游戏还是孩子与人交往的方式，同时还能够帮助

孩子从挫折或者受伤的情绪中恢复活力。

所以，游戏对孩子来说就是"正事儿"。我国著名的教育家陈鹤琴曾说过，孩子"游戏就是工作，工作就是游戏"，这是对孩子游戏意义的最好概括。对于学龄前的孩子来说，游戏就是他选择做的任何事情，就是生活和学习的方式。

了解了孩子的心理特点和游戏对于他们的意义，那么对于家长来说，游戏不光是指"一场活动"，更重要的是一种理念态度；不光是孩子的"休闲时光"，更应该是父母教育孩子、陪伴孩子的常态。这么说，也许有些抽象，举个例子吧。

《游戏力》的作者劳伦斯·科恩在自己的书中提到，女儿上了幼儿园大班之后有一段时间不愿意自己穿衣服，父女俩为了这件事都困扰不已。孩子觉得父亲不像之前那么呵护她，执意要爸爸帮忙；父亲觉得孩子自己会做的事情却故意找麻烦，态度常常变得不耐烦。唠叨说教和争执哭闹无数次之后，发现根本没有效果。有一次，科恩情急之下拿起两个娃娃表演起了玩偶剧，一个娃娃坚持说他的女儿不会自己穿衣服，而另一个总是反驳，两个娃娃吵得热闹，而他的女儿在这个过程中不仅自己穿好了衣服，而且不再拖拉，父女俩都开怀大笑。玩了几次之后，女儿穿衣不需每天早上都表演这个木偶剧了。

从上例我们可以看到，父母"游戏化的教养方式"随时随地都可以进行，而非事先设计好的一场游戏。对父母最大的挑战其实是理念的改变和能否"放下身段"去陪伴孩子游戏，当孩子的玩伴。面对孩子的情绪和行为问题时，我们总是习惯性地用"说教""斥责""惩罚"等手段；而如果我们顺应孩子的心理特点，用游戏的方式来和孩子对接，去"温暖""矫正""打气"……经常会有四两拨千斤的效果。

你的孩子可能是他人眼中"别人家的孩子"

还记得在孕期时，你的忐忑和期待吗？那时的你或许只是希望孩子健健康康就是足够了。随着孩子慢慢长大，我们的要求也随之"水涨船高"。不知不觉在大脑和言语中充满了："5 岁了，怎么还……""都 5 岁了，应该……"这样的话，不管是否符合孩子的年龄规律，不管是否符合自己孩子的个性特点。看到"别人家的孩子"如飞般地轮滑，我们觉得自己的孩子笨手笨脚；看到"别人家的孩子"热情洋溢地打招呼，我们觉得自己的孩子不懂礼貌；看到"别人家的孩子"会认字读书了，我们觉得自己的孩子落后了……不知不觉的攀比心理让我们焦虑，不觉忘记了对孩子最初的愿望。

曾经有位妈妈说，平时总觉得孩子达不到自己的要求和期望，很焦虑。可是有一次，孩子得了急性肺炎住院，她在陪床的时候看着输液的孩子苍白的脸心想：只要孩子身体好起来，我再也不逼着孩子做这个那个了，只要孩子身体好、开开心心的就好！不过等孩子完全康复了，妈妈又回到了之前的"逼娃"状态。这是很多父母的常态，却也是非常值得理解的状态。因为为人父母的我们都是在"竞争"和"奋斗"的大潮中扑腾，对自身生存与发展的焦虑往往会投射到孩子身上。

其实，对孩子的成长和发展没有期待、顺其自然的父母也许有，但是一定不多。对"别人家的孩子"没有羡慕和比较心的父母更是少见，只是程度不同罢了。只是我们要知道，孩子有自己的发展规律，这个规律不会因为我们的急切期待而发生改变。更重要的是，每个孩子都是独一无二的个体，有着自己的特点和潜力，有自己独特的成长节奏。即使是在我们耳熟能详的"敏感期"，不同的孩子也会有不同的表现，时间的早晚、"敏感"的程度都不一定相同，这就是个体差异。个体差异与遗传、环境都有关系。从某种程度来说，尊重个体差异，避免"一刀切"也是现代教育的重要原则。

孩子和孩子之间有着天生的差别，每个孩子带有父母赐予的天赋，孩子的天赋不同，相应的气质和行为也就不同。比如，有的孩子天生谨慎，什么事情都喜欢反复确认安全之后才愿意尝试，这在有些父母的眼中就是令人沮丧的"胆小""放不开"。父母每每鼓励或者强迫无果之后会气恼或者不甘心地说："这孩子就是这么胆小！你看看别的小朋友怎么都敢呢？这有什么大不了的！"于是"胆小"这个标签从此就牢牢地贴在孩子的身上和心里，孩子会越来越怯懦，面对父母的责备和自己的担心，越来越放不开……如果换种方式，接纳孩子谨慎的性情，积极配合他的安全确认，鼓励他每一次的尝试，欣赏他的谨慎周全，孩子也许并不会从此变得"勇往直前"，但是至少他不会觉得自己无能。他会发挥自己的优势，也会在一次次尝试中找出自己做事情的节奏。也许随着年龄和能力的增长，孩子愿意尝试的事情越来越多、越来越"勇敢"。或许他一辈子都是个谨慎的人，但是有什么关系呢？也许许多"勇往直前"的孩子的父母一直都羡慕你家的孩子从来不惹事，不出危险，非常省心呢！

如果孩子都能按照自己的状态发展，并能获得父母良好的帮助，他们每个人都会成为有利于社会和他人的人。社会是复杂多样的，需要各种各样的人来服务于它。一定要相信，孩子有自己的使命，有最适合自己的路。所以，孩子都应该成为他自己，而不是别人。

教育之前先学会如何"爱"孩子

作为父母，你一定爱自己的孩子。看到孩子时满腔甜甜的柔情，对孩子无微不至的照料，恨不得替孩子生病，替孩子痛苦。但是，你的爱是真的"爱"吗？是对孩子有益的爱吗？

其实，爱孩子和真爱行为是两码事，一个对孩子充满满腔爱意并基于这种爱来行动的父母有可能做出各种伤害孩子的行为。比如，"再不听话就不喜欢你了"（有条件的爱）；不鼓励孩子独立，不给孩子立规矩，看不得孩子一点儿难过（无原则的爱）；把孩子当成精神支柱，强迫他完成父母未实现的梦想，控制孩子的选择和行动（依赖性的爱）；把孩子物化成"养老"的工具，把养育当成"投资"（功利的求回报的爱）……

真正的爱是和孩子共同成长，是无条件的爱！它是付出，是关注，是倾听，是勇气，是自律，是鼓励独立，是接受分离。总之，真爱不是一种让我们神魂颠倒的感觉。真爱是一种忠诚坚定的、经过深思熟虑后的理性决定。也许我们都会犯很多错误，在爱的感觉中无意识地进行了非爱的行为，但是只要我们努力学习与成长，就是爱的最好状态。

顺应规律，事半功倍

说了爱，再说规律。孩子有自己成长的规律，对父母教养孩子来说，顺应规律，事半功倍；违背规律，事倍功半。

一粒种子埋在土里，无法在人们的注视中立刻发芽。发芽出土之后，多少天抽叶、多少天开花、多少天结果、多少天成熟，都有一个事先预定好的时间程序，这个程序不会由人为力量来改变，如果被改变了，就会导致这颗果实品质的下降。

人类的成长如同果实，必须经历一个从青涩到成熟的自然过程，这个过程不能用催化方式进行。培养孩子一定要像种庄稼一样顺应自然，顺应他们的成长规律。父母千万不要人为地使孩子超越自然的成长阶段，因为孩子在没有发展到某个成熟阶段时，对事物的理解就不会达到应有的水平。

先做好自己，再做好父母

现在的父母对孩子的教育关注程度超过了以往任何时候，各种教育理念、专家解读也充满了书店和网络。你有没有困惑：面对那么多的"育儿知识"反而更无所适从？我们要提醒父母的是，在学习怎样做个好父母之前，要先学会做好自己。

我们所说的先做好自己有两个层面，第一个层面，我们要更加注意自己的言行举止。因为孩子是吸收性的心智，非常善于模仿，你脱口而出的脏话，不管不顾地发泄脾气的样子，都会成为孩子模仿的对象；你抱怨上司的不公平，遇到困难时怨天尤人，对弱势群体的轻视态度……都会不知不觉地影响孩子的精神世界。同理，认真负责地工作，执着坚韧地面对困难，幽默达观地处理情绪，善良悲悯地对待生命……也会不知不觉地滋润孩子的心灵。所以为了孩子，我们也要成为更好的自己，至少首先在孩子面前注意自己的一举一动、一言一行，给孩子做好榜样。

　　另一个层面，接纳自己，才能接纳孩子。许多父母内心充满了内疚，总觉得自己不够好，觉得孩子的许多问题都是自己造成的。在生活中对自己的评价很低，幸福感也很低，但是"把希望寄托在孩子身上"，于是学习了很多育儿知识和教育理念，一心只想把孩子教育得优秀，可是往往事与愿违。把希望都寄托在孩子身上的家长会分外焦虑和失望，于是更加"较劲"地去教育孩子，改变孩子。

　　其实，父母的精神状态比所谓的教育方法重要一万倍。很多父母最初都是因为自己要"教育孩子"开始学习育儿理念、心理知识，想要改孩子的"错"。后来发现孩子的问题其实是自己的问题，于是走上了自我反省和自我成长的道路，随着养育孩子的步伐更加了解自己，完善自己。同时也慢慢改善了孩子所谓的"问题"。

　　如果你因为养育孩子而成长自我，发现了教育孩子的最终秘密，那么恭喜你；如果你还在焦虑、内疚中挣扎，在烦恼孩子的一身毛病，那么请你先静下心来，关照自己的内心，照顾好自己。学着接纳不完美的自己，才能真正地接纳孩子；发自内心地尊重自己，才能真正地尊重孩子。

第 2 章

给予 5 岁孩子关键期的关键帮助

5 岁是孩子运动协调性发展的关键期，而手部的小肌肉发展为写字打下基础。5 岁多的孩子大多会经历阅读的敏感期，这时阅读习惯的养成对其一生都有深远的影响。活动范围的扩大和思维能力的提高，使得 5 岁孩子探索事物之间联系和规律的热情空前高涨。如何顺应孩子的发展规律，帮助孩子在关键期顺利发展各项能力？我们一起探讨。

运动对孩子的意义不只是锻炼身体

大肌肉运动有助于孩子四肢发展、头脑聪慧

人们一般意义上理解的运动指的是大肌肉运动，比如跑、跳、打球、游泳等。运动在孩子的成长中起着举足轻重的作用，不仅与个体的生长发育有关，而且与其认知和心理发展是相互作用的。那些只注重孩子智力开发而忽视运动的父母要注意了，运动可以让你的孩子"四肢发展、头脑聪慧"！许多实验研究显示，在运动时会产生多巴胺、血清素和去甲肾上腺素，这三种神经传

导物质都和学习有关，可以让人心情愉快、增强记忆力和专注力；运动可以抑制大脑中杏仁核的活化，阻止负面情绪的出现；许多体育项目都有一定的规则和要求，可帮助孩子树立一定的规则意识，对增强孩子的意志力也很有好处。

大部分孩子的天性都是爱跑、爱跳、爱活动，5 岁孩子身体的力量、耐力、灵活性、协调性都比过去有了很大提高，父母应该根据孩子本身的特点兴趣来引导孩子多运动。正规的幼儿园在一天的活动安排中已经有了户外和室内的运动项目，在幼儿园之外的时间，父母可以根据孩子的兴趣陪孩子跑跳、踢球、抛接球，也可以去公园爬山、放风筝、荡秋千、轮滑、跳绳、骑自行车等。在保证安全的基础上，让孩子尽情地和小伙伴（或者大人）一起追逐嬉戏也是很好的运动形式。尤其是男孩子，让其体内旺盛的精力流动出来非常重要。

如果户外运动条件不好，室内也是可以的。在床上玩"枕头大战"，用被子包人、倒立前滚翻、仰卧起坐等，只要是使肢体处于运动状态的活动就可以，不一定是有什么名目的体育项目。有时候父母和孩子自创的一些"游戏"孩子更喜欢玩。

如果孩子因为天性或者后天的原因不太喜欢运动，千万不要因为了解了运动的重要性而强迫孩子接受你安排的"锻炼项目"。引导孩子运动最好的方式就是激发孩子的好奇心和游戏心态，把运动变成好玩的游戏。如果感觉孩子的某些运动能力有欠缺或者身材肥胖影响运动能力，也可以有针对性地安排活动来加强和改变，但是切记，全方位的锻炼才最有利于孩子成长。

在引导孩子运动的同时，也要注意运动安全。5岁孩子的机体组织仍然比较柔软稚嫩，轮滑等负重运动对关节肌肉的负担比较大，不适合长时间锻炼，以免损伤孩子发育中的骨骼。另外，专业肌肉力量训练、拔河、掰手腕等活动也不适合孩子进行。有些特别喜欢运动的孩子可能早早显示出一些运动天赋，但是父母要注意，过早从事某一专项体育运动也要慎重，处理不好容易引起疲劳性骨折、饮食功能失调以及情感压抑等问题。因此，专家认为，父母应当鼓励儿童参加多种体育活动，而不要希望孩子在少年时代就创造某些体育项目的奇迹。

精细动作训练为上学做准备

小肌肉运动主要是指手部的运动，比如画画、串珠子、搭积木、做手工等。5岁的孩子面临上小学，上学之后必然要写字，这就会大量用到手部的小肌肉。一般来说，这个年龄的孩子手指的力量和灵活性比过去增加，对笔的控制更娴熟，一部分孩子会尝试用文字来表达自己的想法。他们会有一段时间具有极强的书写欲望，会写一些简单的汉字或者类似汉字的符号。刚开始的时候"写字"和"画画"的区别不大，是孩子对着字"照葫芦画瓢"，大小不一、歪七扭八，这都是正常的。这个时候可以顺势教给他们汉字的排列和特点，让孩子知道写字应该是从左到右、从上到下整齐排列。同时，特别注意孩子正确的书写姿势，不好的书写习惯一旦养成再纠正就困难得多，握笔姿势和坐姿要家长耐心地示范和鼓励孩子掌握。

当然，刚开始训练孩子的小肌肉并非要求孩子去一板一眼地写字，而是通过一些有趣的写画游戏来进行。比如，让孩子按照虚线把图形连接起来，或者在规定的范围内描画线条，练习控制笔的运动；让孩子自己编故事，画连环画；制作幼儿园地图或者房间布局图；在假扮游戏中自己制作诸如"超市价目表""餐厅菜单"这样的道具……在有趣的游戏中，让孩子不知不觉锻炼手腕手指的力量和控制性。作为父母，有时候也可以把生活中一些需要用笔的机会交给孩子，比如让孩子记录每天买菜的花销，写一份应急电话的列表等。多鼓励孩子的进步，孩子不想写的时候也不要强迫，而是想办法找到孩子感兴趣的活动。

父母需要注意的是，一般来说写字比画画对手部肌肉的控制力要求更高，更容易疲劳。这时候要注意避免让孩子写字过久，伤害正在发育的手部小肌肉群。而且写字时眼睛的紧张程度也高，容易疲劳。如果孩子特别热衷于写字，那么也要适时地提醒进行其他的活动。

畅游书海，陪孩子一起享受阅读

5 岁孩子的阅读能力大跨越

在百科全书的定义中，阅读"是一种从印的或写的语言符号中获得意义的心理过程"。以阅读的方式，人类的经验可以超越空间和时间的限制，从远古时代延续至今天和明天，从最繁华的都市传递到最偏僻的乡野。

儿童的阅读是以读图为主，逐渐过渡到阅读文字。5～6岁的阶段就是一个过渡时期。现代儿童发展心理学研究已经表明，孩子的阅读敏感期一般出现在5岁左右。6岁之前的阅读会影响孩子一生的学习和阅读习惯，所以6岁之前也称为儿童阅读的黄金期。

5岁多的孩子，其注意力水平有了很大提高，从无意注意逐步向有意注意发展。因此，他们能够独立、专注地阅读图画书，并且能注意到书中的许多细节内容。所以，有时候父母要学会给孩子创设独立阅读的空间和时间，如果孩子想要自己看书，就尽量不要去打扰他。让他们沉浸在图书的情节和意境中，去自己理解和思考书中的内容，享受阅读的快乐。

阅读敏感期的典型特征

◎无论什么书都翻来看，不管能否看懂都一本正经地看，能看懂的会反复看；

◎凡有书的地方，比如书店或者图书馆，会投入地看个不停，一会儿翻看这本，一会儿翻看那本；

◎喜欢听故事，也会时常编故事给大人听，想象力丰富；

◎指着书上的字阅读，即使大多数时候看不懂，也会自编发音上去。

5～6岁孩子的判断推理能力也有转折性的变化，对事物的判断和理解更加深入，看图片时会更加关注各个人物或者事物之间的关系，基本上能够掌握故事的全部内容，并且对于故事要表达的含义也有一定的理解。因此，在阅读过程中，他们不仅可以通过对故事的部分情节或图画来推测接下来情节的发展，而且可以自己复述故事、续编内容、表达看法等。

5岁多的孩子观察的精确性已经有了很大的提高，他们会注意到许多常见情境下的文字，并理解文字表示一定的意义。读书时，他们逐步发现了文字符号和语言的"配对"，知道了一个字就是一个音，一串字符连起来就是一句话，能表示一个意思。虽然许多孩子在 4 岁多时已经开始注意到文字，但通常都是到了 5 岁之后，伴随着孩子的注意力、理解力、记忆力的增强，才开始能辨识和记忆一些文字了。随着阅读中不断遇到相同的文字，孩子会不知不觉地"认识"这些字，并在下一次看到的时候能辨认出来。这是阅读能力的一大飞跃，标志着孩子们从读图的"前阅读"时代迈向真正的阅读。许多家长会惊奇地发现，从未特意教过孩子认字，仿佛一夜之间孩子认识了那么多的字，拿出一本新绘本，孩子都可以一板一眼地念下来了。值得注意的是，识字和理解力未必是同步的，所以很多时候即便孩子认字了，他的阅读还是需要家长的帮助。

因为 5 岁左右的孩子，其观察力、记忆力、理解力、推断力等得以综合的发展，促使孩子的阅读能力有着跨越式的提高。5 岁孩子的阅读方法、关注范围都在不断拓展。不仅仅听讲图书，也会参与讨论；不仅仅要听故事，也会自己改编故事；不仅仅看图画书，也开始阅读桥梁书和文字书；不仅仅让父母给选书，更会自己选书。一些孩子在这个时候开始慢慢地从亲子阅读过渡到自主阅读。

阅读要"去功利化"，从孩子的兴趣出发

在绘本馆，一个 5 岁左右的男孩坐在地上津津有味地看绘本《动物

绝对不应该穿衣服》，乐得忍不住哈哈笑。旁边的妈妈本来在翻看其他绘本，这时候看了一眼孩子拿的书，皱着眉头说："这本书对你来说太简单了吧，来看看这本喜欢不？"说着塞给孩子另一本书。孩子接过来翻了翻，放在一边，继续看自己的。过了一会儿，孩子拿着一本书过来："妈妈，给我读《精灵鼠小弟》吧。"妈妈说："这本书你 3 岁就看过了，幼稚了点吧。"孩子又拿来另一本："那给我读这本《是谁嗯嗯在我的头上》。"妈妈说："来，咱们换这本看吧，《昆虫记》很好看的，你们老师推荐的。"孩子不高兴了，嘟哝着说："为什么不给我读我挑的书啊？"妈妈笑着对孩子解释说："因为这些书更适合你看，对你更有好处呀。"过了一会儿，孩子挑了五六本书准备借回家看，妈妈从中挑出几本放下，换上自己挑的书，领着不情愿的孩子走了。

随着父母对儿童教育越来越重视，儿童阅读这件事被赋予了诸如"让孩子不输在起跑线上"等早教的意义。于是，很多父母也像上文中的妈妈一样，倾向于给孩子选择"更有好处"的书看，识字、认知、逻辑思维、艺术启蒙、情商培养等概念都加注于阅读。遗憾的是，孩子却往往不领情。尤其是自主意识很强的 5 岁孩子，他们会倾向于自己挑选感兴趣的书来读，如果强迫他们读大人给准备的"书单"，未必会有好的效果，甚至还会有损孩子读书的热情和兴趣。

其实，图书中的内容如果我们不说教，不强调，孩子反而能从中自然而然地去感受和吸收，潜移默化地得到滋养、习得美德。一般说来，爱读书的孩子，理解力、表达能力、想象力、知识面等都更胜一筹，在学习中的优势也会越来越明显。但是做父母的如果对阅读这件事太功利化，就会对孩子的阅读有所控制和期待，孩子会很敏感地感受到这种让人不舒服的压力，从而失去了阅读本身的乐趣。如果给孩子读绘本时，父母忍不住进行一些画蛇添足的说教，也容易让孩子对阅读丧失兴趣。养成阅读的习惯了，孩子对书的兴趣和感情会越来越深，受益终生。

很多时候，孩子的阅读需要不断地重复，对书籍的理解是逐步加深的，每一次都有不同的收获和发现。父母不要想当然地把自己认为"合适"的书强塞给孩子。比如，有的父母觉得 5 岁的孩子不应该再看过去读过的低幼绘本，但其实 2 岁的孩子从一本书中看到的内容、体会到的感受与 5 岁的孩子差别很大。5 岁孩子的理解力与观察推理能力使他们能发现很多过去注意不到的细节，也能体会图画的逻辑关系和前后呼应。目前的许多书单是分年龄的，但是这个划分仅供参考，还是要根据孩子的兴趣和实际情况来。许多看似"幼稚浅显"的图书，其实蕴含着深意，也符合孩子认知和情感的特点；与此相反，许多看上去有点"难理解"的书，孩子也未必不喜欢，可能会得出自己的感受与判断。所以，父母选书的心态要开放，不要刻板，更不要功利。

当然，父母在孩子书籍的选择方面并非什么也不需做。首先我们有责任杜绝一些不健康、有毒害的"三观不正"的书籍，或者明显超出孩子接受年龄的书进入孩子的视野。孩子看的书最好父母要先把把关，美好、童趣、亲切、自然、有趣都是适合于 5 岁孩子的选择标准。如果拿不准，获奖经典绘本和专家推荐书单确实是可以考虑的范围。父母可以根据孩子的实际水平和兴趣，给孩子推荐一些书，引导孩子的兴趣；另外，可以和孩子一起去图书馆或者绘本馆，把图书读给孩子听，让孩子自己选择感兴趣的继续深化阅读。孩子的阅读兴趣存在很大的个体差异，有的孩子可能喜欢读童话类的书，有的喜欢自然科普类的。只有孩子从自己选择的书中感受到阅读带来的乐趣，才会愿意主动每天接触书，喜欢上阅读这件事。如果在培养孩子自主阅读兴趣的过程中，父母跟风只让孩子看"有用""经典"的图书，孩子可能味同嚼蜡，难以体会阅读的快乐。

和孩子分享读书的快乐

不喜欢看书的家长可以培养出一个爱读书的孩子吗？也许可以，但是比起爱读书的家长而言可能会难一些。孩子总是自然而然地吸收周围环境的信息。如果早期的启蒙不够，家庭中没有阅读的条件和氛围，孩子 5 岁了还没有对书本和阅读产生足够的兴趣，那么这个时候做父母的一定要重视起来了。但是重视不等于焦虑，有些家长知道了阅读的重要性，急匆匆地买了一堆书给孩子，没想到孩子不喜欢听、不喜欢看，于是着急上火的父母可能会引发亲子之间的战争，让人叹息！

有些父母可能会说，我真的就是不喜欢看书。有的专家会建议在孩子面前装作津津有味地看书来吸引孩子，这种方法对低幼的孩子可能管用，但是对于心智发育到一定程度的5岁孩子来说，他们会敏感地察觉大人是在"作伪"。所以，我们建议父母不妨去读读孩子的绘本，和孩子一起去发现绘本的美好和有趣，多念书给孩子听，与孩子讨论书中的情节和人物，分享自己的感受。除了感受美好的画面、纯真的童趣和有趣的故事，许多书中也有深刻的哲理和深沉的感情，父母都可以和孩子一起去探讨、去发现。

父母想办法把孩子的书读得更生动有趣，或者把书中的故事变成好玩的游戏表演出来，真心发现书中的乐趣，和孩子一起去享受。当然，最好的办法是家长自己先爱上读书，闲暇时把手机时间电视时间分一些出来给书本，父母读书时专注和享受的感觉是对孩子最好的引导。

请看彤彤和妈妈一起看《逃家小兔》的这一案例。

从前有一只小兔子，她很想离家出走。有一天，她对妈妈说："我要跑走啦！"

"如果你跑走了，"妈妈说，"我就去追你，因为你是我的小宝贝呀！

"如果你变成捕鱼的人，"小兔说，"我就要变成高山上的大石头，让你抓不到我。"

"如果你变成高山上的大石头，"妈妈说，"我就变成爬山的人，爬

回家！"

......

"彤彤，咱们把刚才说的画下来，做一本新的《逃家彤彤》好不好？"

"好啊！"

于是，母女俩拿出纸笔，开开心心地一起聊一起画。

坚持给孩子念书

许多父母在孩子比较小的时候就开始了亲子阅读，念书给孩子听。到了5岁左右，孩子已经能认识不少字，一般的绘本大多能自己读下来。那么这个时候还需不需要给孩子念绘本呢？答案是肯定的。日本绘本之父松居直先生认为，"图画书不是让孩子自己看的书，而是大人读给孩子听的书"。

5岁多的孩子即使认字了，自己看图画书上的文字，大多是在"读字"而非看书，不能快乐地享受，也很难了解故事的内容，这样，图画书就无法带给孩子精神上的成长。而父母深入了解了图画书的意境内涵，如果满怀爱心地念书给孩子听，必定能将文字转化成生动、温暖的话语，并让这些话语传入孩子的耳中和心中。这种言语的体验和心灵的沟通，是孩子自己看书时无法体验的。

国外的研究也证实，一般到 12 岁，孩子的书面阅读能力和听读能力（比如听妈妈讲故事）才能持平，而在这之前，孩子的听读能力会明显高于自己看书阅读的能力。这也意味着，在 12 岁之前，孩子更喜欢听妈妈读故事是非常正常的，因为这对他们而言更舒服且更容易理解故事的内容。也就是说，不仅仅是学前阶段，就算是孩子上学了，认识不少字了，父母给孩子读书仍然有很重要的意义。

此外，家长的"读"还有"推荐""引导"的作用。语言是先由听、讲，再进展至读、写的。孩子的"听觉理解"远超过他们的"阅读理解"。因此，对于已经会识字的孩子，他们需要更"高级"一点的书——情节更丰富、词汇更多样、感情层次更丰富的书籍（比如桥梁书或者文字章节书等）去吸引他们阅读，但他们自行阅读的能力却依然达不到标准。因此，这个时候，家长带领阅读，会帮助孩子提高阅读能力，进入更高层次的阅读水平。

父母给孩子选书的时候，不仅可以选故事书，也可以选择童谣、古诗、童诗等，这些形式的书即使配了图片，如果孩子自己看也很难体会到其中的韵味和意境，这使他们难以提起兴趣。但是，父母用含有温度的声音和语气读给孩子听，效果会大不同。比如美国儿童文学作家西尔沃斯坦的童诗《捉月亮的网》：

我做了一个捉月亮的网，

Tips

书中蕴含的丰富的情感、重复的节奏和韵律以及优美的语言和意境，在父母的引领下更容易被孩子感受。

今晚就要外出捕猎。

我要飞跑着把它抛向天空，

一定要套住那轮巨大的明月。

第二天，假如天上不见了月亮，

你完全可以这样想：

我已捕到了我的猎物，

把它装进了捉月亮的网。

万一月亮还在发光，

不妨瞧瞧下面，你会看清，

我正在天空自在地打着秋千，

网里的猎物却是个星星。

（节选自《捉月亮的网》，意林杂志社编，吉林摄影出版社，2009 年。）

父母搂着孩子，轻松地读这首小诗，然后和孩子一起看看窗外的月亮，一起想象一下月亮被装到网里面会怎么说？如果装一网的星星呢？

亲子阅读还有一层很重要的意义——亲子之间的联结和沟通。正如松居直先生所说，"念书给孩子们听，就好像和孩子们手牵手到故事王国去旅行，共同分享同一段充满温暖语言的快乐时光……通过念这些书，我已经在他们小时候，把一个做父亲的想对孩子们说的话说完了"。所以，只要孩子想听，就给孩子念书吧！这和独立阅读并不矛盾，对孩子来说，这是极好的陪伴与难忘的亲子甜蜜时光。

不要把阅读神圣化，侵占了其他活动

阅读固然非常重要，但是孩子的生活并不仅仅是阅读。成长的路上，还有很多重要的事情要做。对于5岁的孩子来说，还有诸如户外活动、和小伙伴玩耍、玩玩具、学做家务、观察小动物或探索各种现象等多种多样的活动。从某种意义上来说，阅读只是孩子认识世界的途径之一，抑或是娱乐活动的形式之一。我们不能不重视阅读，但也不必将其神圣化，将阅读视为孩子生活中最重要的事情，从而忽视了其他活动。

另外，通过阅读可以拓展出许多的活动，比如绘本表演，看了《摇摇晃晃的桥》，孩子可以和妈妈分别扮演兔子和狐狸，重现惊险的故事情节。比如绘画，看了图书画《我爸爸》《我妈妈》，孩子自己创作《我爷爷》。比如实验，看了《能干的小海狸——小海狸种扁豆》，亲子试试用小海狸的方法也种一盆扁豆……

所以，阅读永远不可能是一种孤立的行为。阅读为我们提供了与世界沟通和交流的一座桥梁、一条通道。童年阅读的经历，会成为一个人足以回味终生的美好记忆。著名儿童文学作家彭懿曾经诗意地概括过童

> Tips
>
> 父母帮助孩子亲近书本、爱上阅读，就是送给他一份珍贵的礼物。这份礼物，足以让他享用一生。

年阅读的意义："因为有了童年阅读，当我们回首童年的时候，在我们朦胧的记忆中，就有一片明明暗暗的萤火虫，闪烁着诱人的光芒。"因为有了书的陪伴，儿时的生活增添了一份奇异的色彩。儿时读过的书，以及当时当地的情景，会深刻地留在记忆之中。

保护孩子的探索精神，培养问题解决的能力

好奇心值千金，不限制就是培养

孩子都是好奇的，总是对周围的事情充满了探究的冲动。其实，孩子的认知就是从"探索"开始的，从婴儿期第一次吃手到啃咬手中所有的东西，再到抠洞洞、按压所有的按钮，翻箱倒柜，最后到第一次抓沙子，第一次蹚水，抓起地上的小虫子……这一切其实都是孩子的探索。著名教育家陈鹤琴曾说过，"小孩子不玩雪，则不知道雪是冷的，雪是遇热而融化的；不玩沙石，则不知道沙石是硬的；不剪纸不敲打，则不知道钉和纸的性质，锤和剪的用法。所以小孩子试验物质可以得到许多经验，长进许多知识"。

5 岁孩子的感官经验已经比较丰富，逻辑思维也进一步发展，他

们不再满足于看到事物"是什么样",而是更进一步好奇"为什么是这样",对于现象背后的原因和规律比以往有了更多的好奇和探索的欲望,对事物之间的联系也理解得比过去深刻。5岁的孩子已经开始脱离"魔法时代",慢慢进入"理性时代"。对3岁多的孩子说,秋天的落叶是叶子们想飞到地面上玩耍;那么对5岁的孩子而言,也许他们会思考是什么让叶柄折断。如果不受阻挠,5岁的孩子会根据自己的推测来想办法验证,比如牛奶放到冰箱里冷冻是不是会变成冰淇淋?七星瓢虫和蚂蚁放在一起会不会打架?在孩子的眼中,这个世界是新奇有趣的,他没有那么多的条条框框,只是好奇地去探索未知事物。孩子有时看似荒诞不经的行为,实际上是在好奇心的作用下,对未知世界的探索。

父母阻止孩子探索活动的理由,一般都是弄脏衣服、受伤、破坏东西等。可是孩子在探索经验中得到真正的智慧是否比这些更重要?孩子的冒险精神和好奇心非常强烈,研究显示,无端的打骂会摧残孩子的智慧潜能,强行中断孩子感兴趣的事情,很可能就会抑制孩子的创新精神,使孩子由于畏惧父母的威吓而趋于保守。

有一天,年少的伽利略问父亲:"小鸟为什么能够在天上飞来飞去,而人只能在地上走呢?"

"你认为呢?"对伽利略的问题,父亲常常只是反问伽利略。因为这样的一问一答,总是能让伽利略一步一步地深入思考,从而自己找到一些答案,尽管这些答案不一定都正确。

伽利略沉思着说："我想，那是因为所有的鸟都有翅膀，而人没有。"

伽利略决定给自己安上翅膀，也体验一次飞翔的感觉，最好能飞上天，飞到月亮和星星上去，探索出天空的秘密。

他找来一些竹子，划成片，扎成了一对巨大的翅膀。他把翅膀绑在两只胳膊上，使自己看起来就像一个滑稽的怪物。两个妹妹一直好奇地看着他忙来忙去，见他这副模样，笑得前仰后翻。

伽利略却沉浸在自己的想象中，全然不理会两个妹妹。他使劲地挥动着两只绑着翅膀的胳膊，嘴里大声地喊着："飞起来了，飞起来了！"可是直到两只胳膊酸疼酸疼的，再也挥舞不动了，双脚依然纹丝未动。

伽利略丧气极了。有了翅膀怎么也不能飞呢？

"哥哥，你跑一跑再飞，像放风筝一样。"大妹妹提醒他道。

"对呀，我怎么就没想到呢？"伽利略狠狠地拍了一下自己的脑袋，站起来又试，结果还是不行。

"哥哥，你站到高处再飞。"小妹妹提醒他。

"对，这次一定行的。"伽利略觉得，这下找到了问题的症结所在。

他爬上窗台，纵身往下一跳，一边还不忘了使劲挥舞着翅膀。可是，他还是没有飞起来，反而重重地摔在地上，疼得他眼泪都快掉下来了。

这一幕正好被父亲看见了。他扶起伽利略，语重心长地说："孩子，光有奇思妙想，没有知识做根基，就只能是不切实际的幻想。"

伽利略若有所思地点点头。他并没觉得自己白做了这个实验，因为，至少他已经知道，单凭一对翅膀，人是不可能飞上天的。

一个对新鲜事物没有好奇心的孩子是非常可悲的。很多时候是孩子为了遵守父母的要求，强行压制自己的好奇心和探究的欲望；或者是过去曾经多次探究事物遭到阻止和中断，或者遭到父母的责骂和惩罚。这种永远不会闯祸的乖孩子，确实让父母 "省心" 很多，但是未来发展堪忧。正如《好妈妈胜过好老师》的作者尹建莉所说，一个缺少尝试、不犯错误的童年是恐怖的，它并非意味着这个孩子未来活得更正确、更好。也许恰恰相反，由于没有童年探索的铺垫，他的认知基础反而很薄，在未来的生活中不得不花费更多的力气去辨识世界、适应生活。

培养独立思考的能力

现在，"创造性思维" 这个词儿很热门，各行各业也讲究 "创新"，市场上各种打着 "开发孩子想象力、创造力" 的培训班、课程、书籍不胜枚举。然而事实的真相是，只要你不去压制孩子，保护好孩子的好奇心，引导孩子独立思考，就是在培养孩子的创造力和想象力了！

孩子是天生的 "创新型" 人才，因为没有经验和固有模式的束缚，所以孩子的想法总是天马行空，不拘常规。而大人总喜欢把自己的经验和知识灌输给孩子。举个简单的例子，孩子 5 岁之后对于事物的本质和事物之间的联系有浓厚的兴趣，总是喜欢刨根问底，这可能会让父母头痛。有些父母不耐烦之下会搪塞孩子 "以后就知道了" 或者责备孩子

"别打扰，我忙着呢"；而另一些父母则相反，对孩子的问题，总是给出详尽的答案，如果自己不知道的就查资料，然后一二三地给孩子解释清楚。胡乱应付孩子的问题、打击孩子的好奇心固然不对，但是"知无不言，言无不尽"地对待孩子的问题也并不合适。应该说第二种父母还是相对称职的，至少知道满足孩子的好奇心和求知欲，增长孩子的知识，但是忽略了培养孩子的独立思考能力。问题总是轻易找到答案，习惯了吃现成，就很难主动思考和自己想办法去寻求答案。

　　周日，4 岁的明明和 6 岁的茜茜一起在院子里玩吹泡泡。大大小小的泡泡或聚集，或飞扬，或破裂，在阳光下五颜六色，俩孩子玩得兴致勃勃。

　　忽然，明明问："姐姐，能吹三角泡泡吗？"

　　茜茜干脆地回答："不可能，泡泡从来就是圆的。"

　　明明又问："圆形的管子吹圆形的泡泡，三角形的管子不就吹三角形的泡泡？"

　　茜茜回头对旁边的爸爸说："爸爸，是不是泡泡都是圆的？"

　　"咱们用的是圆形的管子"，爸爸没有直接回答，"但是不是换了三角形的管子，就会改变泡泡的形状呢？"

　　"三角形的管子一定能吹出三角形的泡泡。"明明大声说道，"圆管子——圆泡泡；三角管子——三角泡泡；正方形管子——正方形泡泡。"

　　"我也没有用三角形的管子吹过泡泡啊。"爸爸慢慢地说。

"我们找三角形的管子试一试不就知道了。"茜茜一本正经地说。

于是在爸爸的帮助下，孩子们一起做了三角形、正方形、长方形、五边形的四根管子。

终于，四根异形的管子做好了，很精巧，孩子们一根一根地试验。

茜茜小心地将手里的管子插进装有肥皂液的小瓶里沾了沾，对着三角形吸管吹出了第一个圆形的泡泡。

"啊？""是圆形的！"明明不敢置信地说。

茜茜又接着吹出第二、三……一连串的泡泡，都是圆形的！

爸爸微笑着对孩子们说："咱们再试试其他的管子。"

孩子们用手中的不同形状的管子都吹出了圆形的泡泡。

"不同形状的管子吹出的泡泡都是圆的！"两个孩子一起欢呼着，沉浸在吹泡泡的乐趣中。

晚上，爸爸鼓励孩子们继续查找资料，去找寻泡泡为什么总是圆形的秘密。

故事中的爸爸在孩子提出疑问时没有贸然"熄灭"孩子们的好奇心，也没有直接给出答案，而是积极引导他们自己尝试和实验。孩子们不仅明白了无论管子形状如何，泡泡肯定是圆的这一科学小道理，更重要的是，他们能够沿着自己的思考经历一次科学性的实践，来证实自己最初的想法。引导孩子们发挥出探究的能力，让他们自己去探究世界，这样获得的知识，将是真正属于他们自己的知识。

未来社会竞争的焦点是创造力的竞争，要让孩子立于不败之地，不仅仅是拥有足够丰富的知识就可以了，更重要的是要具备创新精神，具备自己思考问题和解决问题的能力。所以，父母不仅应该鼓励孩子汲取知识，更应该鼓励孩子自己去寻找问题的答案。对于 5 岁的孩子，父母可以像上面故事中的爸爸一样和孩子一起开动脑筋，设计一些操作简单、孩子又可以理解的小实验，一方面让孩子通过自己动手来找到问题的答案，更重要的是培养孩子思考问题和解决问题的能力。

尊重孩子的选择，教会孩子负责

在孩子自己的事情上，父母要多把选择的权利还给孩子。在孩子太小的时候，把许多事情的选择权给孩子并不适宜，因为孩子没有能力权衡利弊并承担选择的后果，如果太过"民主"反而是把过多不适合孩子承担的压力放在孩子肩上。但 5 岁的孩子独立性已经发展，有强烈的自主意识和自己决定的意愿。虽然因为缺乏知识和经验，孩子的选择可能不是最合适的，甚至是错误的。但是这正是个机会，让孩子权衡利弊，让孩子考虑如何平衡自己的意愿和实际情况，让孩子考虑如何对面家长的建议，其实这也是强化孩子独立思考的过程。一方面，孩子可以通过决定自己的事情来发展自我；另一方面，父母也需要通过让孩子自己选择教会孩子"对自己的选择负责"。

　　5 岁的大宝周末和父母出去玩，中午在一家快餐店吃午餐。大宝点了他喜欢的草莓冰淇淋，吃了几口，突然看到旁边的芥末酱，想起前几天听别的小朋友说的奇怪口味的冰淇淋，于是对妈妈说："妈妈，我如果把芥末酱混到冰淇淋里面是什么味道？"爸爸说："别胡闹了，肯定难吃死了。"妈妈说："以我的经验，味道应该不怎么好吃，我可不建议你这么弄。"可是大宝很好奇，他说："我就是想试试嘛！"妈妈说："好吧，你可以试，但是如果不好吃，也不能再要新的冰淇淋了。"大宝想了想，决定就用一半来混。他挖出一半冰淇淋，挤进去一点芥末酱，然后混匀，小心翼翼地拿勺子挖出一点尝了尝。爸爸也被勾起了好奇心，挖了一勺尝了尝说："哎，也没有想象地那么难吃啊。"大宝说："爸爸，那这些就给你吃吧，我吃剩下的那半了！妈妈，你不尝尝吗？"妈妈笑着说："我就不尝了，妈妈本来就不爱吃芥末。以后你倒是可以跟小朋友分享你吃过芥末味的冰淇淋的经历了。"爸爸说："我可不想吃你的芥末冰淇淋，自己做的冰淇淋，含泪也要吃完啊！哈哈。"

　　有时候父母很难把握"让孩子自己选择"的度，明明知道这样做不好，可是孩子非要固执地坚持自己的决定，那么是"随他去"还是"听父母的话"？对于这个问题，也不可一概而论。对于没有危险，不会打扰别人或影响环境的事情，父母自然可以放手让孩子去选择，但是父母要评估自己的接受程度。有些父母虽然放手让孩子做决定，但是对后果不能接受，不是把这件事作为孩子成长学习的机会，而是拗不过孩子固执，勉强答应孩子的要求，等孩子因为挫败而失望哭泣或者发脾气时，用"看，我早说了，你非不听"这样的话来"补刀"。

需要指出的是，如果父母平时尊重孩子的选择，对孩子不过度限制和包办，其实孩子也更容易听取父母的建议。很多时候，对于 5 岁孩子而言，他们的"固执"决定已经是一种"独立宣言"和权利斗争，提醒父母是不是包办控制得太多了，是不是需要多放手让孩子自己做决定。

保护孩子的独立性和问题解决能力

独立解决问题的能力包括解决问题的实际技能，以及对自己能解决这个问题的信心。实际技能是孩子通过一次次的试验、练习和总结得来的，是父母无法替代的。而信心也是通过一次次成功的体验，一次次遇到挫折之后战胜困难的体验逐步建立起来的。比如，通过一次次的摔倒自己爬起来，一次次尝试重于学会了系鞋带，通过实践不同方法自己成功地处理了同伴的挑衅等。

当孩子有机会去尝试各种处理问题的方法时，他才有判断对错的可能。其实，当一个孩子面对所有的困难，他都有权利去做"错"，那个面对问题思考和寻找解决方法的体验和过程才是最大的财富和最大的"对"。当孩子知道"无论怎样，爸爸妈妈都是爱我的，支持我的"，他就会更有安全感。有安全感的孩子会更愿意去探索周围的世界，把精力花在发展自己上面。当孩子知道"我有能力去解决遇到的困难"时，他就会对自己更有信心，相信自己有能力去面对下一个难题。

所以，所谓保护孩子的独立性和解决问题的能力，就是在孩子能自己解决问题的时候，不要越俎代庖，大包大揽；在孩子遇到挫折的时候，要坚定地支持，给予感情上的温暖，但是不可以因为见不得孩子难过就帮助孩子扫平一切障碍。如果每次遇到困难，父母都第一时间冲上去帮孩子搞定，孩子学会的不是"我要想办法，我能行"，而是"有问题，找爸妈"。最糟糕的是，一方面帮孩子"打扫战场"，剥夺孩子自己解决问题的机会，一边抱怨孩子"这都弄不好，真是笨死了""老是闯祸，真让人操心"，这会极大地打击孩子的自信心。孩子的信心丧失，要想找回来，就要花费加倍的努力了。

总之，孩子的探索精神比我们想象的要珍贵得多，也很容易被破坏。尊重孩子成长的规律，让孩子用他们的方式去观察世界，体验生活，探索各种事物和现象的奥秘，孩子才能得到真正的成长和发展。

父母随笔

第 *3* 章

轻松自信的"5岁"父母

养育孩子是个系统工程，虽然表面的问题千差万别，但是根源却是相同的。父母要知道孩子问题的背后原因是什么，该如何帮助孩子应对，同时成长我们自己。本章我们将探讨 5 岁孩子经常出现的几个问题：发脾气、撒谎和"坐不住"。看完本章后，希望你能轻松面对孩子一切的"成长烦恼"。

"淡定帝" VS. "二踢脚"：应对孩子发脾气

孩子发脾气时父母一定要"淡定"

发脾气是孩子成长过程中比较常见的心理现象。根据美国亲子沟通专家帕蒂的提法，发脾气其实是孩子的心理康复机制之一，借助这个过程，孩子将发泄掉许多不良情绪，比如沮丧和无助感等。5 岁孩子的情绪已经有了内隐性，他们有些时候会压抑和掩盖自己的情绪。但是，由于我们的情绪系统先于理智系统发育并成熟，因

Tips

对孩子来说，强
烈的负面情绪是
许多问题行为的
根源。如果孩子
的情绪总是被否
定，那么孩子长
大之后可能出现
各种心理问题，
会通过其他的方
式（攻击别人、
不合作、磨蹭、
自残等）间接发
泄。

此，情绪是孩子行为的总指挥，这是大脑发育的阶段性特征。

我们习惯于把情绪分为"好"的（比如开心、喜悦）和"坏"的（比如愤怒、忧伤），对于孩子出现的负面情绪，父母经常下意识地想阻止他们情绪的表达。其实，情绪本身并没有好坏，每种情绪都有它存在的意义。

情绪管理的第一步就是接纳情绪。大人不必急于安慰和解决问题，可以允许孩子和情绪"待一会儿"。同时，父母可以帮助孩子梳理和"命名"情绪，辨别情绪，因为有些情绪一旦明确就容易找到应对的方法。

在孩子发脾气的时候，尤其是当孩子"无理取闹"时，父母一定要淡定，要帮助孩子将过去积累的情绪尽量释放掉。要知道，在你看来不值得一提的小事，可能对孩子来说意义重大。如果父母能不被孩子的失控所影响，不打断、不评判、不责备地陪伴孩子痛痛快快地发完一场脾气，你会发现，孩子会自己平静下来，又变成了那个懂事的乖小孩。这对很多父母来说都不是一件容易事，但是无论多难，你都值得一试。当然，前提是我们要保证孩子的行为在一定界限之内。

有时候孩子的要求确实不合理，或者是我们现在满足不了的，那么父母需要做到的是"温和而坚定"，既坚持原则，又理解孩子的感受。你可以用轻柔和同情的语气分享他的情绪："你很不开心对吗？看见你这样，我的心里也不舒服。"一开始，孩子可能会拒绝你的关心，持续地发飙哭闹，但你可以仍然用同样的方式跟他说话。这样做是在向孩子表明，你对事情的立场是坚定的，但在情绪方面，你理解和在乎他的感受。运用这种方式一方面不会因妥协而失去原则（否则孩子就可能发现脾气是控制局面的武器，而会不断尝试使用），另一方面也不会被孩子的脾气触发自己的情绪，只有你平静，孩子才可能平静下来。

几种常见的"无效"处理方法

孩子5岁了，遇到不顺心的事不再像小时候那么冲动，动辄哭闹或者大吼大叫。平时他们显得平和而懂事，也能充分照顾到别人的情绪。然而有些时候，仿佛是触动了什么"开关"，甜蜜的小天使变成了狂躁的小恶魔，这对于忙碌劳累了一天的父母来说真是个考验！不是应该懂事了吗？怎么说什么道理都不管用？是不是得揍一顿压一压"小恶魔"的气焰？

星期天，牛牛把昨天费了半天工夫用拼插积木搭的机器人拿出来摆在地上玩，不想正在旁边玩的1岁妹妹也被吸引了，哒哒哒地爬过来就抓，牛牛忙去夺，可是妹妹不知道动了哪里使机器人不听指挥了，牛牛着急地冲妹妹大叫："你！给我弄坏了！"妹妹吓了一跳怔怔地还想去拿机器人，牛牛生气地拿起机器人就走，不料没有拿稳，"哐啷"一声机器人掉到地上，很多部件散架了。这下牛牛发飙了，他一边吼叫

解决问题。""你都是 5 岁的大孩子了，要给妹妹做榜样，不能动不动就发脾气对不对？""好孩子要好好说话，不能这样喊。"

你以为孩子只要懂得了道理，负面情绪就会消失，就应该马上停止哭闹，变回原来那个可爱的小孩。可惜事实上孩子这个时候沉浸在自己的情绪中，根本就听不进任何的道理，喋喋不休的大道理离他很远，让他觉得自己孤独地在情绪的苦海中挣扎。

以上四种是传统的处理孩子愤怒或者其他负面情绪的方法，显然都不利于孩子的情商培养。许多父母在孩子发脾气的时候先是尝试了讲道理、转移注意力，无效之后冷处理，然而孩子继续发飙，父母终于绷不住也情绪大爆发，和孩子对着发起了脾气。

那么，父母应该怎么办呢？

假设一下，这次的主角是你，本来定好了下班和老公一起去看最新的电影，可是临下班了，工作上发生了一些意外，不仅必须加班还挨了上司的骂。你又懊恼又委屈，憋了一肚子的火，下班回家鼻子不是鼻子脸不是脸，转眼看见老公的衣服没有搭到衣架上，冲着他就是一顿数落！这时候你希望老公怎么对待你？

是转移话题？——"老婆，听说你最喜欢的ＸＸ明星离婚了？"——"我正烦着呢，别给我瞎扯别的！"

是斥责吗？——"你神经病啊？又不是我让你出错的，你冲我来什么劲？"……后果，不说了。

是冷处理？——"我不跟你说了，你冷静一下哈。"——你冷静得下来吗？

是讲道理？——"老婆，遇到不顺利的事儿都是正常的，谁不会出点意外呢，放轻松就好啦，没什么大不了的。再说你也有错啊……"——可是你心里越来越堵有没有？

还是——你希望他给你一个温暖的拥抱，同时表示理解你的感受："老婆你看上去很烦，一定累坏了，我要遇到这种事儿肯定也会特闹心"？

孩子和大人一样，需要理解、接纳和共情。怎么做才能让孩子平静下来并且慢慢地学会得体的表达方式呢？

应对5岁孩子发脾气的"标准招式"

在孩子发脾气时，父母首先要表示关注和接纳。直截了当地说出你看到的在孩子脸上流露出的情绪。"宝贝，我看到你很生气"或者"你看起来很不高兴，我理解你的感受"。"看见"的意义是向孩子表达："我注意到你有这个情绪，并且我接受有这个情绪的你。"对大人微不足道的事，可能对孩子很重要。如果你尝试站在孩子的立场，就会更容易接受孩子的情绪。无论孩子怎样回应你，你都应该让孩子知道，你尊重并完全接受他的感受。这是和孩子进行"联结"的一步，也是解决问题的关键。

接着，父母要帮助孩子分析脾气背后的情绪，先处理情绪，后处理事情。孩子对情绪的认识不多，也没有足够和适当的文字描述情绪。父母可以提供一些情绪词汇，帮助孩子刻画出自己当时的内心感受。例如："那让你觉得很失望，对吗？"或者"你觉得被朋友欺骗了，很愤怒，是吗？"孩子越能精确地以言辞表达自己的感觉，就越能掌握处理情绪的能力。例如，当孩子生气时，他可能也感到失望、愤怒、混乱、妒忌、受伤害、被排斥等。认识到这些情绪的存在，孩子便更容易了解和处理他所面对的事情了。如果孩子急于说出事情的内容、始末、谁对谁错，你可以先把孩子带回到情绪部分。例如："原来是这些使你这样不开心呀。来，先告诉我你心里的感觉怎样？"当孩子有足够的情绪表达后，你会发现孩子的面部表情、身体语言、说话速度、音调音量和语气等都变得舒缓了。待孩子的情绪稍微平静下来后，就可以继续引导他说出事情的过程和细节了。

在了解引发孩子脾气的具体事情后，父母要根据实际情况为孩子的行为设立规范，即明确哪些事情是可以做的，哪些事情是不被接受的。比如孩子受挫后打人、骂人或摔玩具，在了解了这些行为背后的情绪并帮他描述出感觉后，你应当让孩子明白，这些行为是不合适的，而且是不被容忍的。要让孩子明白，他的感受和情绪是可以被接纳的，但并非所有的行为都适宜。同时，可以教给孩子一些第一时间应对负面情绪的方法，比如深呼吸、画画、运动等等。

最后，待孩子心情彻底平复后，父母要帮助孩子总结经验。在经过前面三个阶段后，孩子已经领悟到：现在我知道我感觉糟糕的原因了，而且我知道引起这些不舒服感觉的问题在哪里，我应该怎样去处理这些问题呢？接下来，你就可以引导孩子找出更恰当的方法来处理负面情绪。你可以与孩子一起讨论解决问题的方法，引导他自己想办法，帮助他做出最好的选择，鼓励他自己解决问题。例如："如果重新来过，你能想到其他的方法吗？""下次发生同样的情况时，怎么做会更好呢？""为了避免同样不如意的情况出现，可以采取哪些预防措施？"如果必要，你不妨以愉快的态度与孩子一起解决问题。

了解孩子"坏脾气"背后的可能原因，对症下药

5 岁孩子情绪的稳定性已经比之前进步了很多。如果你的孩子还是经常性地发脾气，情绪失控，那么就需要从根上找找原因。一般来说，主要有以下几方面。

◇缺乏安全感，成长过程缺少无条件的接纳与爱

心理学发现：孩子心中愤怒的最大来源，竟是他们根深蒂固地以为

自己没有人爱。内心积累了太多的情绪没有得到释放，就会把孩子成长的能量占用，孩子用来学习"察言观色"和共情的力量就少了，情绪表达的能力也容易发展不良。一个从小安全感充足、内心阳光、自尊自信的孩子，不会经常用发脾气的方式来表达情绪或者释放压力。而父母关系不和谐会影响孩子的安全感，父母过于苛刻，经常责备训斥孩子，也容易使孩子的内在堆积比较多的负面情绪，而这些负面情绪容易借着受挫等机会发泄出来。作为父母要注意家庭的气氛和夫妻关系的和谐，理解和接纳孩子的不成熟，宽容孩子的错误，让孩子感觉到安全、自信，那么他就会更有动力去"越变更好"。

◇家人有不良示范

一般来说，脾气比同龄人大很多的孩子，家里一般都有一个脾气大的家长。如果父母在遇到不愉快、不顺利的事时，所采用的方式是发脾气、抱怨，那孩子很容易习得这种习惯。潜移默化的影响比说教的作用大得多，应对孩子的脾气时，如果父母的脾气爆发得比孩子还厉害，那我们拿什么来教孩子"控制情绪，合理表达"？所以，父母要有意识地收敛自己的脾气，给孩子树立良好的榜样。

◇家长的宠溺和放任让孩子学会用脾气来控制大人，满足自己

孩子小时候，当欲望和愿望不能满足时会本能地产生失望难过的情绪，这些情绪会伴随着哭闹一起发泄出来。有些家长会受不了孩子的

情绪而妥协："好吧好吧，就这一次啊。"一次、两次……孩子渐渐发现"发脾气"是个很好用的方法，一旦父母不满足自己的愿望就拿出来用，如果不好用则认为"脾气"发得还不够厉害。所以，对于孩子的愿望，家长能够满足的不妨痛痛快快地答应，而超出界限的事情和不合理的要求则必须坚持原则，不能轻易妥协。要让孩子知道，失望和难过是可以理解的，但是不可以的事情还是不可以。慢慢地，孩子就不会通过发脾气的方式来要挟家长满足自己了。

◇**孩子身体不舒服时也容易情绪失控发脾气**

这种脾气类似"起床气"，孩子身体状态不佳，比如困、饿、渴、累、病的时候，情绪就容易失控。对于精力旺盛的孩子，如果身体运动的需要被压抑，也会容易烦躁。所以，如果孩子经常发脾气，父母也要注意一下孩子的身体状态如何。

情绪管理是父母和孩子的共同课题

很多父母接受了新的教育理念，对"育儿先育己""父母是孩子一切问题的根源"的观念深为认同，希望自己能完美地处理孩子的问题，教育孩子的过程中压抑着自己的不满、焦虑、担心、恐惧等各种情绪，如果没有处理好教养问题，或孩子的表现没有达到预期，就充满了内疚和无力感。其实，父母要接纳孩子，也要接纳自己；不苛求孩子，也不要苛求自己。知道孩子有些问题是正常的，也要知道自己的某些表现也是正常的；知道孩子的能力是有限的，也要知道自己的有些错误也是能力有限所致。伤害孩子之后，内疚、自责、道歉是应该的，但是要接纳自己，放下包袱。心静了，才有力量去改变自己，好好教育孩子。

在引导孩子学会管理情绪的过程中，父母要首先做到对自己的情绪负责，不把自己的情绪和孩子的做纠缠，不迁怒于人，不推卸责任。当你察觉到自己怒火中烧时，最好是"撤离"，让家人带孩子去别的房间，或者自己离开"事发之地"。做几次又深又长的呼吸，放松自己的身体，必要时出门散步或者跑步十几分钟，然后情绪就会慢慢平复，这时候再去处理问题也不迟。"冷静角"也是个不错的办法——选择一个地方，放上让自己舒服的物品，遇到情绪失控的时候就来这里"冷静"一下，而不是在盛怒之下口不择言或者出手伤人。这是个需要慢慢养成的习惯，但是一旦使用，效果非常不错。父母能够控制自己不乱发脾气，对孩子是很好的榜样教育。你也可以把这种冷静技巧教给孩子，让他从小就学会做情绪的主人。

此外，研究表明，运动是疏导情绪的法宝。运动能帮助大脑激活联结"理智"的通道；用力地活动身体可以释放部分愤怒的能量和压力，情绪也能从极端的状态慢慢恢复平衡；运动还可以释放让人愉快的激素，让人感觉不再那么糟糕。所以，当孩子需要从暴躁的情绪中安静下来，或者需要从沮丧、失落的情绪中走出来，不妨试试让他动起来。如果不能马上出去跑两圈，那么和孩子一起玩玩打闹游戏，或者原地蹦一蹦都会有神奇的效果。当然，如果是好玩的游戏，本身的乐趣加上身体的运动，更容易让孩子的情绪从冲动中缓和下来。

孩子故意撒谎，是道德有问题吗？

孩子撒谎了？很正常！

"撒谎"是孩子成长的必经阶段。撒谎从根本上来说，就是我知道，你不知道，所以才能骗过你。孩子利用"我知道而你不知道"撒谎的背后，是孩子自我意识的萌芽。

多伦多大学心理学教授李康（Kang Lee）描述了一个很有意思的实验：把孩子请到房间里，让他猜测卡片上的数字，如果猜中了，能得到丰厚的奖励。在游戏中间，大人会借故离开，离开前告诉孩子不要去偷偷看卡片，然而隐藏的摄像头在房间会观察孩子的一举一动。因为孩子太想赢这个游戏，超过 90% 的孩子会在大人离开房间后马上偷偷看卡片。值得探究的是，当大人回来并询问这些孩子是否偷看了卡片时，那些偷看了卡片的孩子会承认他们违反了游戏规则吗？我们来看一

Tips

"撒谎" 是孩子成长中的正常现象。7 岁之前孩子的撒谎行为，一般都不涉及道德问题，成人不必从道德的层面来谴责孩子。

下数据：30% 的 2 岁孩子撒谎了，其中 70% 承认了他们违反游戏规则；50% 的 3 岁孩子撒谎了；4 岁孩子撒谎的，超过了 80%；超过 4 岁，绝大部分孩子都在撒谎。其实在国外，跟李康类似，对儿童撒谎的研究不少。美国神经科学家约翰·梅迪纳（John Medina）博士在自己的书中提到，4 岁孩子平均每两个小时就要说一次谎，6 岁时，孩子每 90 分钟会说一次谎。

所以说，孩子撒谎是一个非常普遍的现象，撒谎其实是儿童发展的正常组成部分。7 岁之前孩子的撒谎行为，一般都不涉及道德问题，家长不必从道德的层面来谴责孩子或者教育孩子。

会撒谎的孩子更聪明？

李康教授曾指出，孩子的撒谎能力随着年龄的增长而增强，会撒谎的孩子绝不是人格有缺陷，反而可能是聪明的表现。很多科学实验显示，越早会撒谎，或在童年早期撒谎撒得越好的孩子，其整体智力可能更超群。一次成功的撒谎，要求孩子具有综合的能力，包括记忆加工、自我控制和计划能力。孩子需要隐瞒事实真相，编造出另一个故事，且牢牢记住它（不能前后矛盾），还得控制表情显得自然，这太不容易了！在撒谎敏感期，为了成功骗过大人，孩子需要尝试组织更有说服力的语言，表情更加自然，编织更合理的逻辑，让谎言看起来真实。在这个阶段，孩子的语言表达、逻辑推理、自我控制能力都得到了极大的发展。

5 岁的孩子为什么撒谎？

孩子撒谎的原因概括起来大致有以下几种。

◇分不清理想和现实

在年幼的孩子中，这一原因很常见。幼小的孩子可能会将想象当作现实，说"我家里养了头大象"，其实只是因为他希望能养一头大象。不过孩子在 5 岁之后开始慢慢地分清现实和想象，所以这种"谎言"会大大减少。

◇为了获得关注和成就感

有的孩子想象力丰富，描述事情时，常常掺杂着自己想象的夸张的场景和情节，以此博得大家的关注和赞叹，简单说就是"吹牛"。几个 5 岁多的小男孩一起聊陀螺，一个男孩说我的陀螺能转 10 分钟，另一个小孩说我的陀螺能转一天不倒，还能自己到处溜达！孩子的"吹牛"有时候很可爱，也是在表达他们的一种愿望。父母在纠正的同时，要肯定他们的愿望，不可粗暴地贴"撒谎"标签而伤害孩子的自尊心。还有的时候孩子通过撒谎和夸张来博得家人的关注，比如有个小女孩，平时父母很忙，常常顾不上陪她，而每次她生病的时候爸爸妈妈就会对她关怀备至、有求必应，于是她就常常说自己肚子疼来吸引父母关心她。

◇ 偷懒或敷衍

有时候孩子会为了偷懒而撒谎，比如明明没有洗手谎称洗过了；不想跑步谎称腿疼；看到不想吃的饭菜就假装自己不饿等等。有个妈妈很喜欢问孩子在幼儿园的方方面面，学了什么知识、和小朋友怎么玩的、老师有没有批评表扬等等，孩子有时候不想回答或者有些事情不想让妈妈知道，就会说"我都忘记了"或者"没有什么事儿"。

◇ 为了逃避惩罚

这是 5 岁孩子不说实话的最常见原因。如果每次父母发现孩子犯错误就会施以打骂、嘲讽等惩罚，孩子下一次犯错时就会采用逃避的方式去解决问题，避免再次受到责罚，因为人都有"趋利避害"的本能。相反，若父母能够在孩子犯错的时候予以接纳，并帮助孩子去主动寻求解决办法，那么情况将会大不一样。孩子不仅学到了面对问题的正确态度，而且会在下一次犯错误的时候，首先想到的不是如何逃避父母的责骂而是寻求父母的帮助。

◇ 试探他人心智

孩子发现"自己知道的事儿别人不知道"之后，有时候会有意地说些"谎话"来试探别人是不是真的不知道。如果发现别人果然不知道，孩子就会有种新奇的成就感。有些学者提出"撒谎敏感期"的说法，就是孩子有段时间会用各种方式来说"不符合事实"的话来试探别人能否发现。撒谎是孩子成长的一部分，撒谎敏感期也只是孩子自我认知、自我实践的一个阶段。如果在这个阶段我们家长能理解孩子并给予支持，以适当的方法引导他们，就能促使孩子更敏捷地观察、更清晰地表达，从而让孩子顺利度过敏感期，拥有实事求是的理性人格。但是如若处理不当，有些孩子确实也会把精力放在"如何更好地撒谎而不让别人发现"上，甚至养成随口说谎的习惯。

5岁孩子撒谎，父母应该怎么做？

犯错后想逃避惩罚是5岁孩子撒谎的最常见原因。因此，父母在面对犯错现场时不要问容易引起孩子撒谎的问题，比如问："是谁干的？是不是你弄的？"孩子很可能会下意识地说："不是我！"父母可以直接把事实说出来，"我知道你做了这件事，需要我帮你吗？"或是询问孩子意见："你觉得怎么做好？有没有好办法？"最好是参与进来，与孩子一起想办法解决。让孩子了解，谁都可能犯错，不过办法总比错误多，事情都能得到解决。

想要孩子跟自己说实话，父母需要营造轻松而温馨的亲子氛围，让孩子知道："哪怕自己做错了，我也不用担心会受到惩罚，我可以将所作所为、所思所想都告诉爸爸妈妈。"与说谎相对应的是诚实的品质，而诚实的基础是信任。父母是孩子的第一依恋和信任对象，若孩子从父母身上都无法获得信任和依恋，自然也不可能避免说谎。5 岁的孩子自尊心很强，就算你一眼看出孩子在撒谎，也不要当着很多人的面羞辱或者训斥他，要了解孩子撒谎背后的原因，帮助孩子建立诚实表达的习惯。

同时，父母也要给孩子树立诚实的好榜样，平时在孩子面前做到有一说一，尽量不说谎。还要提醒父母的一点是，撒谎并非洪水猛兽，在教育孩子诚实的同时，也要让孩子知道，有些情况是可以"撒谎"的。毕竟，生活中需要很多善意的谎言，比如，奶奶给大家做了饭菜，很不合大家的口味，你是希望孩子谢谢奶奶，还是诚实地大喊"太难吃了"呢？有时，一味地诚实还会给孩子带来危险，比如，陌生人敲门，你是希望孩子如实地告诉对方只有自己一个人在家，还是希望孩子谎称"爸爸在客厅看电视"呢？所以，问题不在于撒不撒谎，而在于什么情况下"撒谎"以及如何"撒谎"，这是我们应该好好思考并教会孩子的。对于一些善意的谎言，父母一定要给孩子讲清楚这样做的目的，教会孩子区分撒谎的性质。我们也要告诉孩子，为了自己的利益而伤害他人、凭空捏造事件引起他人的注意、为了好玩不计后果的谎言，是绝对不能说的。

5岁了还坐不住，是不是多动症？

Tips

多动症全称为注意缺陷多动障碍，是儿童期常见的一类心理障碍。表现为与年龄和发育水平不相称的注意力不集中、注意时间短暂、活动过度和冲动，常伴有学习困难、品行障碍和适应不良。

注意力和专注力不是一回事

许多父母头疼自己的孩子"注意力不集中"，容易走神、分心，"坐不住"。其实，上面提到的这些现象包含了两个不同的概念："注意力"和"专注力"。注意力有多个维度：稳定性，即我们通常所说的注意持续的时间长短；广度，即同一时间能够注意到的对象的数目；分配性，即同时进行多种活动并能做好；转移，即注意力在不同事件之间的切换。我们通常所说的"注意力不集中"其实是针对注意的稳定性而言，应该称为"专注力"，即注意力集中于特定事物的持续时间。能持续集中注意力在某件事上的孩子，专注力比较好。

幼儿的有意注意时间随着年龄的增长而增长，5到6岁时可达到15分钟左右。持续时间的长短并不是衡量注意力好不好的唯一尺度。比如，孩子在看完一部动画片后，在很短的时间内就能集中注意力去看书，表明孩子的注意转移性不错。每个孩子可能都有自己的注意维度优势部分，作为父母，我们不能一味地要求孩子必须能够专注多长时间，而是要发现孩子注意力的优势方面，同时接纳孩子的劣势方面，扬长避短就好，不必苛求孩子必须要补短。

你有没有破坏过孩子的专注力？

孩子天然具有专注的潜力，一个 1 岁的孩子会专心致志地抠地上的小石头，3 岁的孩子搭积木一坐半个小时不动弹。但是，孩子的专注力经常会被父母有意无意地打扰，下面我们就来看看家长的哪些行为会破坏孩子的专注力。

最常见的一种是当孩子玩得很专注的时候，家长干涉或打扰。比如有的家长总要询问孩子："你在干吗呢？"或者干涉他："这个不能这么玩，你看，要这样！"有朋友或邻居来了，家长会要求孩子打招呼，若孩子不予理睬，就给孩子扣帽子："没礼貌！阿姨跟你说话呢，快回答阿姨！"

有的父母为了培养孩子的专注力，强求孩子长时间做某件事。比如要求孩子从头至尾完完整整读一本书，读书时不许跑来跑去，不许插嘴等。他们不顾孩子的发育水平，以成人的眼光来衡量孩子的专注程度。有时，父母甚至给孩子贴负面的标签，形成负面心理暗示，导致孩子越来越不专注。也有些父母恰好相反，当孩子很长时间地执着于某项活动或者痴迷某些事物时，家长生怕孩子忽略了其他事物，急着逼迫孩子将兴趣转移到其他事物上。

很多父母陪伴孩子时心不在焉，导致孩子安全感缺失。孩子觉得父母在敷衍他，致使内心不安宁，没有心情将注意力集中；也有些父母为了省事给孩子塞个手机或 iPad，让他自己玩。电子产品玩多了，会降低孩子对其他活动或事物的兴趣，他自然就会玩电子游戏很专注，做其他事情则如坐针毡。

以上行为都会破坏孩子天然的专注力。父母们请对号入座，有则改之，无则加勉。

如何保护和培养孩子的专注力？

第一，父母要保证孩子的生活有规律。简单而有规律的生活节奏对孩子的成长很重要，每天起床、吃饭、游戏、睡觉等最好在时间上相对固定。如果生活节奏太混乱，孩子做事会容易散漫，注意力难以集中。家长应该帮助孩子形成好习惯，对于快要进入小学的 5 岁孩子来说，这尤为重要。比如给孩子一个合理的时间表，写明什么时候听故事、什么时候玩游戏，时间长了，一到这个点，孩子就知道该做什么了，也就会集中注意力做好该做的事了。

第二，父母要给孩子营造安静整洁的家庭环境。安静整洁的环境能够让孩子少受外界干扰，更好地保持注意。比如，家里物品的摆放不杂乱，孩子的用品和玩具收在固定的位置，每次不给孩子太多的书或玩具，家长在家里不看电视，不做孩子的干扰源。

第三，不要给孩子看过多的电子产品。如果孩子习惯了充满声光影的刺激，就不容易从事需要有意集中注意力的事情或重复相对枯燥的事情。所以，平时尽量让孩子多接触大自然，多看书，不要让孩子长时间看电视和电脑。

第四，当孩子痴迷于某项活动或某个事物时，父母要顺应他的需求。兴趣是最好的老师，当孩子对某项活动产生兴趣时，父母可以为他提供更多与之相关的资讯、材料、活动，并帮助他发掘出更多有趣的元素，让孩子将探索的触角伸向更多可能的方向。孩子从中习得了经由一个点辐射或拓展到更大范围的技巧，自然会更投入，在参与其他活动时也会有这种习惯性的模式，注意力集中的时间自然也会更长。

第五，父母要关注孩子的身心状态。孩子在身心状态不佳时，是很难集中注意力的。此时父母要多给孩子关爱，而不是盲目地严格要求。只有在身心愉悦的时候，孩子才更易于专心致志地做事。

最后，父母可以通过游戏来拓展孩子的专注力。比如将某个小物件放在手心里倒腾，猜最后在哪只手里；反口令游戏；还有拼图、迷宫、"找不同"游戏等，这些都有助于孩子专注力的锻炼。此外，阅读、朗读、背诵、演讲还有画画等活动都可以培养孩子的注意力和专注力。父母应寻求方法去帮助孩子，如果孩子能够比过去的注意力提高一点，父母就要及时地予以鼓励，让孩子对自己更有信心。

知识拓展

锻炼孩子注意力的游戏

1. 大西瓜、小西瓜

其实这是一个反口令练习，听到"大西瓜"时，孩子的手要比划成小西瓜的形状；听到"小西瓜"则是比划出大西瓜的形状。

2. 小帮手

经常让孩子帮助家长拿各类小东西，从一件到几件不等，要求他在一次完成。如"请帮我拿一个苹果、一把小刀、一些纸巾和几个牙签"。

3. 买一些智力训练的书，让孩子每天坚持练习

这类书中会含有一些锻炼观察力、注意力、记忆力的图文，如走迷宫、在一大堆图中找某样东西、找异同（同中找异，异中找同）、比大小和长短等。这些游戏能让孩子的注意力高度集中，同时也锻炼了他们的思维快速反应能力，而且这种游戏气氛活跃，能调动人的积极性，使孩子玩起来乐此不疲。

父母随笔

在养育孩子的过程中，我们会遇到很多"两难"的问题：明知道让孩子上学前班不好，但是又害怕孩子不上学前班会不适应小学生活；强迫孩子上兴趣班效果不好，但是放弃又怕孩子养成半途而废的坏习惯；想尊重孩子的个性给孩子自由，又怕造就"熊孩子"……这一章我们将探讨关于5岁孩子教育的几个交锋，意在帮助父母根据自己的情况做出合适的选择。

第 *4* 章

关于 5 岁孩子教育的几个交锋

幼小衔接怎么做？

幼小衔接变成了"提前上小学"？

"我的孩子上的公立幼儿园，老师说按照规定不允许教拼音等课程，感觉孩子每天就是做做手工、讲讲故事，或者在室外跑跑跳跳地瞎玩。孩子倒是挺开心的。到了大班，许多孩子都转走去上"学前班"。我去看了看这些班就跟小学布置的一样，一人一个小课桌，黑板上有拼写的汉字，有背诵的古诗，有加减法算式。每天孩子背着书包去上课，一天好几节课，分科目的，每天都有作业。我本来没打算让孩子上，想让孩子好好再玩一年。但是朋友的孩子刚上小学，说不提前学点东西到了小学根本跟不上，会特别累。于是我也给孩子转去上了一个"幼小衔接班"，但是孩子不愿意上，回家看上去特别累，情绪也越来越差，回家写作业写着写着经常跟我说，妈妈我真不想上学，上学太没意思了！难道这就是适应小学必须付出的代价吗？有时候真的挺心疼孩子的。"

"幼小衔接"是儿童从幼儿园向小学过渡之间的衔接，是儿童结束以游戏为主的学龄前生活，走上以学习为主的正规学习生活的过渡。幼儿园和小学存在本质上的差异。对幼儿来说，从幼儿园到小学，不仅仅是一个地域的变换，学习环境、学习内容、学习形式、学习时间、行为规范、交往等方面也将发生很大的变化。

表1： 幼儿园和小学的差异

	幼儿园	小学
属性	○ 非义务教育	○ 义务教育
教育内容	● 综合主题	● 分科知识
教育形式	○ 游戏模式，一天分几个主题版块	○ 课堂授课，一天分几节课
师生互动	● 教养并重	● 以教为主
考核评价	○ 习惯与发展	○ 考试和能力
自我管理	● 老师陪伴提醒	● 按规则自我管理
纪律和规则	○ 相对宽松	○ 相对刚性
作息饮食	○ 有午休，有点心零食	○ 没有午休，一般不许带零食

很多父母像上例中的家长一样，因为担心孩子进入小学后学习跟不上而让孩子提前一年上"学前班"或"幼小衔接班"。很多幼小衔接班其实就是提前开始的小学，不论是教学内容、教学形式还是班级纪律都和小学没有区别。

提前灌输小学知识的弊端

提前灌输知识，表面上看是让孩子多学习了很多东西，实则违背了孩子发展的规律。一般孩子入园和上小学的年龄是全世界范围内的教育专家经过大量研究才确定的。5岁孩子的逻辑思维才开始萌芽，主要还是以形象思维为主，如果以灌输的形式来教授抽象知识，孩子学习起来一方面比较吃力，知识掌握不够准确；另一方面浪费了发展运动、情绪、社交、感知等各种能力的时间和机会，这会影响孩子的身心健康，阻碍孩子的长远发展。

而且，提前学习不符合孩子年龄和发展特点的知识，容易造成孩子心理压力过大。由于孩子的大脑发育没有达到一定的成熟程度，在学习过程中必然会体会到较大的挫败感，不利于形成自信积极的性格。孩子天性是好奇的、爱学习的，可是如果每次学习都伴随着巨大的压力和焦虑感，孩子很快就会对学习失去兴趣，这将给孩子将来的学习生涯蒙上灰色的阴影。

幼小衔接到底衔接什么？你的孩子做好准备了吗？

从幼儿园到小学的变化确实非常大，如果不做准备，孩子适应小学的过程可能会加长，这对孩子的学习生活和信心都会造成一定的影响。在做准备之前，我们先要了解一年级新生对学校生活的不适应主要表现在哪些方面，才能做到有的放矢。据调查，初入小学时孩子的不适应多表现在对环境、老师、规则的不习惯。因此，真正的幼小衔接绝不是仅仅是知识的准备，而应该包括以下几方面：

首先，要让孩子对即将到来的学校生活做好心理准备。和幼儿园配合，让孩子对小学有所向往和憧憬，而不是焦虑和拒绝；通过实地参观或者看视频图片，增加孩子对学校的感性认识，让孩子了解校园环境、不同分区、教室环境等等；告诉孩子小学有一些和幼儿园不同的规则，这是"学生"的特权，比如一人一个小桌子听课，自己整理书本文具，每天写作业，做值日等等；建立小学生的自豪感，告诉孩子上学后能学更多的本领，读更多的书、学算术、会英语、学好听的歌曲、画更多好看的画，还会交很多好朋友。

其次，要培养孩子良好的生活习惯和自理能力。进入小学后孩子不再像在幼儿园时期，吃喝拉撒老师全部照管。所以在幼小衔接期间，家长要培养孩子逐渐学会自我管理。有个妈妈说自己的孩子上小学之后经常感冒，后来发现孩子从来不知道进教室热了要脱外套，有时候脱了外套，去户外又忘记穿上，所以经常着凉。还有的孩子上学之后文具和本子三天两头的丢，一盒铅笔没几天就丢光了。

再次，要培养孩子的社会交往和情绪管理能力。教会孩子和同学们友好相处，使孩子能较快融入新的群体生活；让孩子学会在和同学有矛盾时能妥善处理或者请老师帮助。情绪管理的目标是孩子情绪平稳愉快，表达情绪的方式比较得体，不乱发脾气，不随意哭闹。

最后，才是学习管理能力和知识的准备。主要包括语言文字认知、数字数量基础和空间方面的知识；较好的专注力和任务意识，能根据提示完成多步骤的行动；较好的倾听能力、表达能力和阅读理解能力；最关键的是保持好奇心和对探索未知事物的热情。

关于幼小衔接给父母的提醒

首先，也是最重要的一点，幼小衔接不是"突击恶补"，功夫要下在平时。有个小学老师曾经说过，幼小衔接应该从进入幼儿园的那天，甚至是更早就开始。他的意思是指，进入小学所需的各种能力、习惯，以及知识的准备，在幼儿园期间就应该自然而然地获得，而非靠大班一年或者半年的"突击训练"。平时父母就应在自理能力、交往能力、规则意识、良好的行为习惯上做到心中有数，根据孩子的个性特点加以培养，并贯穿整个幼儿园阶段。其实如果孩子能到教育部颁发的《3～6岁儿童学习与发展指南》中大班孩子的发展指标，顺利适应小学是根本不成问题的。所以，父母要了解自己孩子的情况，知道孩子的优点与短板。如果孩子正常发展成长，性格习惯和能力发展良好，那么根本不必焦虑适应小学的问题，在大班阶段根据孩子的情况适当强化一下孩子的薄弱方面就可以了。那些适应小学的过程中问题很严重的孩子，必然是家庭教育中父母有失误或者忽略的地方。

其次，父母要放眼长远，不急功近利，要知道起跑领跑未必笑到最后。这么多年，无数的家长以"不要让孩子输在起跑线上"为说辞，在各个阶段都让孩子超前学习，仿佛提前学了知识就能比其他人领先一步。而事实是，我家孩子提前学会的东西，别家孩子早晚也会学会，而且因为年龄更大，生理和心智上所需要的素质已经具备，所以学得更深入、更扎实。我们应该把眼光放长远一点，看到孩子上大学和大学毕业之后的人生之路，了解什么才是培养孩子成才和幸福的关键。所有的父母都需要仔细考虑，我们要把孩子培养成为什么样的人？孩子需要什么来适应不断发展变化的世界？我们做的事情是在引领孩子往这个方向走吗？这些问题不思考清楚，就容易随大流、盲目跟风。早期教育要培养孩子对事物的好奇心、对新事物的学习兴趣，让孩子拥有良好的行为习惯、丰富的情感和对待社会的正确态度。每个孩子的天性不同，将来的发展道路也不尽相同，父母要做的是提供适宜孩子身心发育的空间，给孩子充分的爱、关怀与尊重，培养孩子的自立能力，而不是去拔苗助长。

再次，要正确理解孩子的学习。学龄前孩子的学习是孩子通过自己的方式与周围环境互动的过程，是孩子主动探索周围的社会环境、自然环境和物质世界的过程。这是孩子的年龄特点、认知特点和身心发展规律决定的。孩子通过实际操作、亲身体验，去模仿、感知、探究，"做中学""玩中学""生活中学"，不断积累经验，逐步建构自己的理解与认识。游戏是孩子最有意义的学习方式，而"一日生活"是学习的最重要途径。在这个过程中，孩子完全能够把小学的"准备知识"掌握好。如果我们想强化孩子的某部分知识和能力，也要通过游戏和体验的方式，让孩子在轻松地增长能力、获取知识的同时还保持学习探索的兴趣。举个例子，在超市购物中心可以锻炼孩子的分类、算数、识字等各项能力，只要引导得法，孩子会很高兴参与。

最后，父母要相信孩子的适应能力，保持心态平和。孩子进入小学，毕竟是一个重大的转折，有稍许的不适应都是正常的。小学老师也会花大概一个学期的时间来重点帮助孩子们规范行为习惯和培养学习习惯。大部分孩子都可以顺利转换身份角色，慢慢适应新的规则、新的老师和新的集体生活。

如果家长对幼儿园的衔接课程有疑虑，一定多跟老师沟通。甚至适

Tips

家长不要太焦虑，要相信孩子的适应能力，你的淡定、坦然也是对孩子的一种引导和支持。

当地参加一些幼小衔接课程也是可以的，但是一定要注意鉴别，课程设置一定要符合孩子的发展规律——不是简单的灌输小学知识，而是将重点放在能力的培养和习惯的养成上，最重要的是不能消磨孩子学习新东西的兴趣和热情。那种完全"小学化"——背手听讲、作业加考试形式的衔接班不建议孩子参加。如果孩子的幼儿园大班开始要求孩子写数字，留点作业，也不必太多顾虑，随时关注孩子的状态和情绪就好。还是那句话，父母要根据自己孩子的情况分析判断，做到心中有数。

孩子的兴趣班该不该坚持？

坚持，还是放弃？

为了"不让孩子输在起跑线上"，很多父母从孩子一上幼儿园就为孩子选择了各种各样的兴趣班。到了5岁，孩子可能已经尝试过多种兴趣班，且对有些表现得兴趣索然，甚至深恶痛绝。面对这种情况，父母到底该坚持还是放弃？父母们明显分为两个阵营：

◇正方：当然是坚持！毅力比聪明重要，习惯了放弃，将来一事无成。

"孩子天性就爱玩爱新鲜，一旦有困难或者枯燥的训练就不想学了，大人当然不能随着孩子性子来！如果大人不能让孩子坚持住，那随意放弃的习惯养成了，以后干什么都不会深入长久。所以学本事在我看来倒是其次，养成了一种凡事都不怕苦的咬牙坚持的习惯，会给孩子以后一生的学习和生活带来好处。"

"不经历风雨，怎能见彩虹？学习亦是如此！当学到了一定程度，自然就能体会到其中的乐趣，变被动为主动，变痛苦为享受。上兴趣班并坚持不懈的努力不仅仅是为了学一项技能，更是培养孩子对待学习的主动、积极、坚持的态度。这些好的品质，往往比学习知识本身更宝贵难得！"

◇反方：该放弃就放弃，家长孩子都痛苦何必呢？

"有些孩子被家长逼着学一段后自己会感兴趣，但如果他一直都不喜欢，逼是没有用的！浪费时间和精力。每个人的爱好和天赋都是不一样的，孩子对钢琴不感兴趣，你看别人弹琴非要你的孩子也弹，那还是因材施教吗？李斯特钢琴厉害吧，当初如果非要逼他学数学，他成就还会这样大吗？所以，如果孩子可能特喜欢画画，你逼他学琴他又不喜欢，最后是画也没学成，琴也不怎么样，还大家都一肚子气。"

"小时候被关在家里，看着别的小伙伴在玩耍，但是我却一定要练琴，没把曲子练会的话，爸爸妈妈回家还要抽我一顿，当时感觉特别痛苦，恨不得把琴砸了。上高中之后我就不碰钢琴了，看到钢琴就像看到刑具，慢慢技术生疏几乎忘了怎么弹。有了孩子之后为了熏陶孩子的音乐细胞又重新开始捡起来。如果我的孩子练琴我一定不会逼他坚持，如果他有兴趣我会一直陪着他，如果他真的不喜欢想放弃，我会尊重他的意见。我承认会一个特长非常不错，但是我不想让孩子在痛苦中得到特长而失去童年的快乐，太得不偿失了。"

父母需要弄清楚的几个问题

◇ 5 岁的孩子兴趣容易转移非常正常

许多家长跟风给孩子报了不少兴趣班，但孩子本身并没多少兴趣；也有的情况是孩子今天看到这个觉得有兴趣，可是学了几天又觉得别的好玩。家长觉得孩子这样非常不好，是没有定性，做事不能持之以恒。其实这对于 5 岁的孩子来说是非常正常的。因为孩子的大脑还不成熟，对新鲜的东西非常好奇，一旦熟悉某物某事就容易失去新鲜感，而枯燥的技能练习也非常容易让孩子失去兴趣。一般来说，到 10～12 岁，孩子大脑的边缘系统和皮层的灰质将增加一倍，记忆力、意志力和道德感也会得到全面发展，那时孩子的兴趣会稳定下来。所以，有的专家认为，让孩子选择才艺兴趣并坚持下来的最佳年龄是 8 岁以后，甚至等到 12 岁都无妨。

所以，选择兴趣班要尊重孩子的兴趣和发育水平。对于 5 岁孩子，可以挑选运动性、参与性、趣味性比较强的项目，比如游泳、轮滑、陶艺、手工等，这些项目可以锻炼孩子的运动、协调和动手能力，这对开发他们的大脑，增进他们的自信心至关重要。对于技巧性比较强的乐器、棋艺、绘画技法等项目要看孩子的情况谨慎选择。一方面，5岁孩子掌握手指细小动作比学龄的孩子要困难；另一方面，理解力更强一些时他们学习起来会更轻松。此外，这些训练比较枯燥，容易让孩子失去兴趣，而五六岁孩子的自控力还不够成熟，且对未来获得的乐趣和成就感没有概念，因此不容易坚持。

◇ **环境熏陶至关重要，兴趣才是孩子坚持下来最重要的原因**

爱因斯坦说过，"兴趣是最好的老师"。我们都有这种体验，做自己感兴趣的事，即使很累也不觉得苦，反而非常充实和兴奋。如果希望孩子在所学路上坚持更久，呵护孩子的兴趣很重要。

在报兴趣班之前，父母要细心发现孩子的天赋和兴趣点。比如，有个妈妈发现女儿从婴儿时听到音乐就喜欢跟着节奏扭动身体，于是她经常带着孩子去看各种舞蹈表演，家里也经常放音乐，并且经常鼓励孩子自己翩翩起舞。孩子到了5岁时家长顺理成章地报了舞蹈班，虽然有时候练习也很累，但是孩子乐在其中，甚至生病了都不想缺课。

在孩子学习的过程中，父母要和孩子一起去体验所学内容的美妙，感受其中的乐趣。很多父母认为，家长的作用就是帮孩子找好的兴趣班和好老师，以及在家里监督孩子。其实，父母对孩子的学习内容越感兴趣，孩子越容易坚持。有个妈妈与孩子一起学钢琴。因为练习时间少，妈妈不久就被孩子超过了，她经常虚心地向孩子请教，在孩子出现厌烦情绪的时候也能够理解孩子的感受，给予出精神上的支持和合理的建议。这位妈妈做得非常好。当某种才艺成为家长和孩子的共同兴趣，一起享受学习带来的快乐时，孩子就更容易坚持下去，他们会在坚持中发现真正的乐趣并保持一生。

◇**放弃兴趣班不代表放弃兴趣，没有出成绩也不代表"白学了"**

一旦对孩子的学习进行了投资，父母就难免会期待有所回报，不希望孩子半途而废。好像不坚持学下来钱就白交了，课就白上了。其实孩子只要开始学了，学过的东西就已经存在其大脑中，这对孩子有着无形的影响。

有时候，放弃兴趣班学习并不表示放弃兴趣，家长依然可以为孩子提供相应的环境和条件。比如，带热爱音乐的孩子去听音乐会，给他买各种唱片。如果孩子的兴趣还在，也许等孩子各方面的条件更加成熟时，他会主动提出继续学习。在经过各种努力之后，如果孩子依然不愿意继续学习，那就允许孩子放弃，把曾经的兴趣学习作为孩子成长道路上的一段美好经历。懂得舍弃对孩子来说也是一种学习，这也并不意味着孩子今后就缺乏毅力。父母允许孩子放弃、懂得尊重孩子的选择，孩子才能把更多精力放在自己真正喜欢的事情上。

◇父母也需要智慧地"推一把"

当孩子不能坚持兴趣时，父母首先要思考孩子为什么不想学？是真的没有兴趣，还是有其他原因？比如，学习的内容和方式不适合孩子；学习难度增加，孩子感到吃力；反复的练习太枯燥，或者没有时间玩，等等。父母要随时了解孩子的感受和想法，这样才能在孩子遇到困难时给予正确的帮助，而不仅仅是责备孩子没有毅力，或者简单粗暴地强制孩子继续学习。

儿童音乐教育专家王丹曾经在新浪亲子中心的访谈中说，国外孩子学艺是以孩子的兴趣为主，强调快乐，不强调苦练。而我国"苦行僧式"学艺的孩子太多了，孩子痛苦，家长也痛苦。其实，小孩子学艺时，最需要让孩子多尝到甜头，例如，平时把孩子练习的过程录下来给孩子看，或者为孩子开"个人演奏会"，让孩子在亲戚朋友或小伙伴面前展现本领。孩子获得大家的肯定尤其是小伙伴的羡慕，体验到付出后的成就感，这些都会帮助孩子在兴趣上遇到挫折的时候增加积极性，帮助孩子在适当的努力下把学艺坚持下去，并且从中获得快乐。

此外，即使有再大的兴趣，在才艺类学习过程也会遇到各种各样的困难。有时候，孩子需要父母推一把。推的尺度需要父母把握好，因为各个年龄段孩子的自控能力不同，每个孩子的个性和特点也不同，要注意不要超出孩子的承受范围。父母首先应该接纳孩子的感受，鼓励和陪伴孩子克服困难。孩子被理解和接纳之后，会比我们想象的更懂事。

◇用严苛的要求强迫孩子坚持是愚蠢的赌博

著名钢琴家郎朗年少时也是被爸爸严厉对待，甚至爸爸有一次在误会郎朗偷懒没有好好练琴之后竟然逼郎朗跳楼自杀。然而郎朗成功了，于是许多琴童的父母都在效仿郎朗爸爸的"重压"教学法。

在听了一些艺术家或明星提到当年被父母"逼迫"才功成名就的故事后，许多父母会认为自己的孩子如果也"逼"一下，没准也能学出来。但是他们忽略了，"逼迫"背后是对自己孩子天赋的洞察和了解，是孩子自己的兴趣和热爱，才导致了他们的成功。

也许你会说，我没想让孩子成为艺术家，就是想让他坚持，不能半途而废。不可否认，有时候家长的"逼"能让孩子去坚持，甚至有时还会取得成绩。但实际上，如果孩子确实没有兴趣，家长逼得太凶不仅会让亲子关系非常糟糕，还可能对孩子的心理和人格健康产生不良影响。尤其是对于 5～6 岁的孩子来说，全面发展身体和情感的各种能力，形成积极的自我评价和行为习惯，建立完整健康的人格才是首要任务。让孩子锻炼毅力的方法很多，让孩子掌握才艺的机会也很多；但是，在形成自我的过程中自尊受损、亲子关系紧张所带来的不良影响却很难消除。总之，不管是鼓励和促使孩子坚持学习，还是让孩子暂时放弃，父母都要和孩子站在一起。

规则和自由如何平衡？

被误读的"自由"

近些年，没规矩、没教养的"熊孩子"越来越成为大家的批评对象。比如，在餐厅吃饭乱跑乱叫、在电影院大声喧哗、在公交车上踢前排座椅、去别人家乱翻东西……这些被称为"没家教"的行为，很多人认为是家长给孩子"自由"太多、管束不够造成的。在一些父母看来，自由是规矩的对立面。其实，这是对"自由"的误解——以为自由就是放纵，处处以孩子为中心，对孩子百依百顺。

真正的自由不是放任孩子为所欲为。它是信任孩子，给孩子提供宽松、自由、安全、健康的成长氛围，鼓励孩子自由探索，体验各种事物，给孩子选择权、尝试权和犯错误权，使孩子获得成长必需的生活经验，培养其独立性。当然，在孩子面临危险或者违反社会规则时，我们必须及时予以制止，并帮助孩子树立简单易懂的规矩。

有的父母把孩子成长过程中出现的一切正常的试错和不成熟的行为都归咎于"管教不严",一边对孩子进行严厉的批判,一边代替孩子成长以期待孩子表现完美。这不仅会伤害亲子关系,也会剥夺孩子从不成熟到成熟、从犯错到不犯错的学习成长过程,使得孩子严重依赖父母或者叛逆。而所谓的"叛逆",其实就是孩子对父母的控制感觉不舒服,在用自己的方式反抗,在争取自由。"自由的人"才能拥有独立的思想和品格,才能对自己的行为负责,才能学会自律和自强。所以,父母要想培养独立自主、快乐幸福的孩子,就要懂得把自由和宽容还给孩子。

给 5 岁孩子立规矩的要点

在给 5 岁的孩子立规矩时,家长要时刻谨记一点:自由下的规矩是自律的基础。如我们前面强调过的,立规矩时首先要给孩子自由。许多父母在成长过程中从未体验过自由和自律的感觉,一切都由他人规范和控制。所以,一旦没有监管就为所欲为,同时也会由己推人,觉得只要给孩子自由,必然导致"胡来""无法无天"。这些父母,除了拒绝、责备和惩罚之外,也不知道还有什么别的方法能让孩子"守规矩"。一个人如果总是生活在管束之中,就会对所有的规则产生反感和抗拒心理,无论规则是否有道理、违反规则对自己是否有利,他都会本能地抵触这些规则,甚至无法抑制去违抗规则的冲动。

蒙台梭利说过，当一个人是自己行为的主人，在需要遵从某些生活准则的时候，他能够节制自己的行为，我们就称他是一个守纪律的人。这里有一个是否"信任"孩子的问题，父母尊重孩子，信任孩子，孩子有了自信心和安全感就会自尊自爱。当父母合理地要求他们遵守规则时，孩子能够感受到这是有利于他的正确选择。这就是所谓"皮格马利翁效应"。如果我们用正确的发展方法给孩子全部的自由，叛逆便没有理由存在。

在给孩子立规矩的具体操作中，从规矩的制定、执行到奖罚，父母要注意以下方面。

◇ 规矩不宜太多，要简单易操作

5 岁孩子的理解力和自控力还不够成熟，太繁杂的规矩只会让孩子晕头转向，或者想着这个忘了那个。规则要简明，而且可以操作。比如"从户外回家先洗手"或者"跟长辈说话要称呼'您'"。

◇ 父母与孩子一起制定规矩，定好的规矩不可随意改动

让孩子参与制定规矩的过程，既有助于孩子理解规则，也有利于孩子主动遵守。不要简单粗暴地命令孩子，用尊重的态度让孩子知道规则的意义，使孩子更容易顺从父母的要求。对于制定好的规则要坚决维护，切不可因为父母的情绪或环境变化就随意变化。否则会让孩子不清

楚界限在哪里，或干脆把规则视为一纸空文。

◇ **在规矩的执行过程中，父母要以身作则，给孩子做好榜样**

要求孩子礼貌待人，父母就不可以一生气就口吐脏字，甚至对孩子动手。如果规则只是大人"规定"孩子要做什么，自己却不受约束，那孩子心中肯定会愤愤不平。

◇ **在立规矩的过程中，父母要保持温和而坚定的态度**

有时候孩子闹脾气，父母一定要保持冷静，要告诉孩子"我知道这样让你不高兴，但是这是我们约定的规矩，必须要做"。要接纳孩子的情绪，同时也坚定地执行规矩。一般孩子的情绪发泄出来后会慢慢平静下来，接受自己必须遵守规则的事实。但如果家长的情绪也夹杂其中，事情的解决往往要费更大的周折。

◇ **违法规矩的"惩罚"最好是自然后果或之前的约定，而不是因家长暴怒或临时性惩罚**

孩子违反了规矩，一般情况下不用惩罚。一个有自尊的孩子，"犯错误"本身就是惩罚。如果想要给孩子"教训"，最好的办法就是让孩子承受违犯规矩的自然后果或者约定好的逻辑后果。比如，"不好好洗手就不允许吃东西。""如果吃饭的时候玩食物，浪费食物，就取消当天的零食。"如果共同约定了逻辑后果，就一定要执行，否则孩子觉得你

Tips

要提醒家长的是，别幻想立规矩之后孩子就能每次都完全遵守。孩子对规则的适应和内化是逐步学习和成熟的过程，有时候孩子并不是不懂事、故意"犯规"，而是自控力还不够，这是很正常的。

只是随口吓唬他，几次之后就不当回事了。家长也不能因为生气而临时性地增加"惩罚"项目，这样会把孩子的注意力转移到受罚的委屈和难过上，而不是应该如何做得更好。

好的教育是相通的

◇无奈的现实

如今的中国社会，阶层分化明显，竞争压力大。家长对孩子的教育空前地敏感与焦虑，所有的家长都希望为孩子提供"最好的教育"。虽然"最好"的标准人人不同，但是其中的焦虑和殷切期盼都是相似的。对城市赤贫家庭或者农民工来说，也许孩子能受到"性价比"最高的教育，能自食其力找到一份工作就是好的；而对富豪阶层来说，可能很多家庭早就不走"高考"这个昔日的独木桥，他们也许早在孩子上幼儿园时就开始走"国际化"路线，生怕中国的模式化教育阻碍了孩子的成才之路。他们为孩子设计好了留学之路甚至已经移民海外；而处于两者中间的大多数人，是最为焦虑的阶层，即使很多人看到了教育的弊端，也不得不硬着头皮"适应"教育现状的种种，去走主流学校教育的大道，因为他们没有更多选择，也不敢冒险让孩子"剑走偏锋"。在主流教育的环境中，教育资源的分配不平均，加上社会上唯文凭论的旧习气依然弥漫，家长们不得不在"拼娃""逼娃"的路上越走越远。

看看不断刷新纪录的学区房价格，还有学校周边形形色色的热火朝天的补习班和才艺班就可一窥全貌。

◇把孩子培养成什么样的人？

所有家长都希望孩子"有出息"，同时也能幸福健康。在面对所谓的"国情"和现实时，在被大潮流裹挟着奔跑时，父母也要冷静下来，问问自己要把孩子培养成什么样的人。

国情也是发展的，就如当年谁也不敢想象现在名目繁多的新职业：职业电竞玩家、宠物美容师、网络主播、理财规划师……当今的中国以前所未有的速度飞速发展，我们很难预测到中国在二三十年后会是什么样子，更无法预测二三十年后人才的竞争力状况。把眼睛紧紧盯着当今中国的"应试"模式培养孩子，无疑会束缚孩子的发展，与我们增加孩子未来竞争力的初衷南辕北辙。实际上，社会对人才的需求已经在这几十年间发生了深刻的变化，尤其是最近几年，拥有创造力、行动力和共赢精神的创新型人才无论在哪个行业领域都备受欢迎。

现在是知识爆炸的年代，学习已经变成了终身需要。培养孩子的主动学习能力和保护孩子学习新知识的兴趣比掌握多少知识重要得多。要想孩子有个成功幸福的人生，父母对孩子品德的培养才至关重要。

与其急功近利地给孩子硬塞一些知识和技巧，与其焦虑孩子将来能否考上好的大学，不如利用他人生最重要的头几年，在父母言传身教的影响下，给他自信心和安全感，树立他良好的道德品行和人格，鼓励他独立思考，教会他对自己的行为负责。

中国有句老话说："三岁看大，七岁看老。"说的也是孩子的性格和品德，而不是指孩子的技艺。拥有好的品性和人生态度的孩子，不管考上什么样的大学，都会有成功的人生：如果自己创业，他会因这些品德吸引客户，留住合作者和员工；如果给人打工，他也会因此得到上司的重用；结婚后会是个负责任的伴侣和父母。自信心和安全感以及好的品行不是凭空得来的，他们都来自于父母智慧的养育。

◇面向未来的教育之变，撬动的力量在每一位父母

你也许会说，道理谁都明白，也都对，但是不符合中国国情。孩子毕竟要在中国上学，教育制度不改变，我改变了有什么用？孩子适应不了环境，不是害了他吗？如果可以去国外上学或者移民，那我当然不必那么辛苦非要逼孩子考高分了。

其实，一些重大的实质性的制度变革往往是从非正式规则的"边际"上开始的。制度变迁一般都是先由习俗、观念等日常行为规则的微小调整启动，经过很长时间累积达到一定程度以后，逐渐从量变到质变，最后才获得实质性的制度创新或者变革。教育思想、教育理念的变革与教育体制、教育机制的创新相辅相成。人才培养模式的创新、课程

体系、教学内容和教学方法的创新，都不可能先行于教育思想和理念的更新。

教育思想的基本理念将会影响到一个民族和国家的未来走向，影响经济与社会的全面发展，当然也会决定一个民族和国家在整个世界中的地位和影响。教育改革的号角早已经吹响，然而教育改革进程中遇到的最大阻碍，却来自家长。在责备教育系统不完善、教育资源分配不公平之前，我们最好看一看：催逼孩子最紧迫的，是家长；给孩子报各种兴趣班、补习班的，是家长；急于择校、哄抬择校费用、让学校给学生功课加码的，也是家长。在整个教育文化中，可以说，家长起着助纣为虐的作用。当然，家长也是出于恐惧和对孩子前途的焦虑。我们如果不把眼光放长远，还只是紧盯着眼前的分数与学校，还要强迫孩子丢失个性进入"套子"里，是无法培养出未来的合格人才的。

如果家长能够更新思维，把家庭教育的重担挑好，建立符合时代精神的教育理念，那么撬动整个教育体系制度指日可待。

第三部分

创建舒适的"5岁"家庭

家，对所有人来说都是安全的港湾，尤其是对于孩子。孩子眼中的家，是爸爸妈妈（也许还有爷爷奶奶、姥姥姥爷），是香喷喷的饭菜，是熟悉的家具和玩具，还有那看不见的气氛和感受。家庭是孩子最重要的环境，对其人格建立、习惯养成、价值观的树立和技能知识的学习都意义重大。建设好家庭才有可能教育好孩子。家庭成员之间的关系决定了家的气场和"温度"，我们提倡形成尊重关爱又有界限的关系。夫妻关系、亲子关系、三代关系、二胎带来的同胞关系，都需要父母智慧的处理和对待。家庭的环境除了家庭成员的关系，还有硬件、软件的部分，比如劳动的环境、阅读的环境、审美的环境等。每种环境的合理设置都给孩子的发展创造了合适的条件。上述种种，其实也构成了一个家庭的独特文化。家教门风与家庭文化，归根到底，还是要落实在日常生活的点点滴滴上。

第 *1* 章

家是最美的港湾、成长的摇篮

家是孩子生命的起点，也是对孩子影响最大的环境。孩子在家中形成最初的安全感，在家中建立起人格和价值观，在家里学习生活技能和知识，在和家人的互动中学习最初的社交。爱是家的主题，人情味是家的味道。家庭在呵护孩子成长的同时也要注意保护孩子的独立自主性，帮助孩子形成健全的人格。

家庭对 5 岁孩子的意义

孩子眼中的家

——每天早上我都会去上幼儿园，幼儿园里面有我的好朋友，有好玩的玩具，也有大大的滑梯和跷跷板。我喜欢上幼儿园，可我有时候更喜欢在家里，比如和好朋友闹别扭了，或者因为顽皮被老师批评了，或者生病了身体不舒服的时候，在家里我会感觉更舒服。因为家里有爸爸妈妈，我说什么、做什么，爸爸妈妈都会注意到。我开心，他们也陪我开心；我不高兴，他们会安慰我，让我感觉好一些。无论我做了什么错事，他们都会原谅我。

——家里有爸爸陪我下棋，妈妈给我读故事，奶奶做香喷喷的饭菜，爷爷帮我修玩具。晚上，我就在家里睡觉。在外面我会忍住不哭，可是回到家里我就会想哭就哭、想笑就笑，在家里我觉得很安全很温暖。家里还会有爷爷、奶奶、叔叔、姑姑、阿姨、舅舅来做客，他们都是爸爸妈妈的亲人，也是我的亲人，他们对我都很好。

——我的家里有爸爸妈妈和我，还有爷爷奶奶。大家都很爱我很关心我，妈妈说我是家里的小皇帝。我也爱爸爸妈妈爷爷奶奶，可是有时候，他们会闹别扭，会为了一些我的事情吵架，这感觉真不好！他们以为我还小，其实我都听得清清楚楚的。我才不想当小皇帝，我就希望大家每天都开开心心的，我希望妈妈不光对我好，也对奶奶笑眯眯的，我希望爸爸妈妈别再为了我闹别扭。当大家都开开心心的时候，我觉得家里都变明亮了！

——在幼儿园里待了一天，我多希望回家和爸爸妈妈分享一天的开心和烦恼，可是他们老是在忙，好容易停下手里的事儿又开始看手机，真想把他们的手机扔了！好不容易陪我一会儿还敷衍我，别以为我看不出来，他们根本就没有用心玩。还是爷爷奶奶好，不论我什么时候找他们，他们都乐呵呵地听我说话，陪我一起玩。

家庭对 5 岁孩子的意义

对于孩子来说，家是安全的港湾，是坚实的后盾。家庭几乎是唯一可以感受到无条件的接纳与爱的地方，而这种接纳与爱，是每个孩子走向独立、面对挑战的力量来源。5 岁的孩子从上幼儿园开始，其实就已经慢慢地走入了社会。外面的世界很精彩，外面的世界也很无奈。当孩子在幼儿园受到挫折或者打击的时候，家就是最温暖的港湾，可以让孩子平复情绪、恢复信心和勇气。5 岁多的孩子，外显的情绪会越来越平和，但是内心的波动却并不减少，他们有时候会隐藏自己的情绪以获得当下的好处，但是一旦回到令自己感到放松的家里，他们就会用各种方式把情绪发泄出来。如果家是个可以包容和疗伤的地方，可以让情绪流动、消失，孩子就会放下包袱继续前行；如果家庭气氛刻板苛刻，看不见孩子的需求，孩子可能就会把情绪继续隐藏起来淤积在心里，等待机会爆发或者让这些情绪变成消极因子影响心态和人格发展。

家还是孩子的价值观和人格气质形成的场所，是孩子学习做人做事的第一所学校。生活在什么样的环境中，就会造就什么样的人，而家庭就是一个孩子最重要的环境。在家庭这所学校中，孩子主要学习的并非知识而是"做人""做事"，父母是孩子最长久的老师。虽然成人之后的经历和学习也非常重要，但是从小生活的家庭所传承的价值观和文化会潜移默化地影响一个人的精神面貌和长久的价值取向。父母本身就是孩子最初的世界，和父母家人的关系决定了孩子将来和他人的关系，父母和家庭呈现给孩子的状态决定了孩子内心深处对世界的看法和感受。且不论是非，信奉"吃亏是福"的家庭与信奉"绝不吃亏"的家庭所走出的孩子处理事情会非常不同；而一个宽松民主、人人轻言细语的家庭中走出的孩子，和一个抱怨计较、吵吵嚷嚷的家庭走出的孩子，气质特点肯定也是截然不同。想要改变孩子，首先要改变家庭和大人。只有大人真切地明白家庭教育才是孩子成长成才的基础，只有大人善于学习进步、勇于自省，改变孩子的"生态环境"，孩子才能得到真正的改变。

家庭帮助 5 岁的孩子形成完整的人格

有 5 岁孩子的家庭的主要任务是什么？那就是帮助孩子形成完整的人格，鼓励孩子培养独立自主的精神。德国心理学家埃里克森在关于生命成长阶段的阐述中提到，4 到 6 岁这个时期，儿童检验了各种限制，试探了规则的边界，知道哪些行为是被允许的。"如果父母鼓励儿童的独创性行为和想象力，儿童就会带着一种健康的独创性意识离开这个阶段；如果父母讥笑儿童的独创性行为和想象力，那儿童就会以缺乏自信心的面貌离开这一阶段。由于缺乏自主性，当他们在考虑种种行为时总是易于产生内疚感，所以，他们倾向于生活在别人为他们安排好的狭隘的圈子里。"简单地说，孩子越被鼓励做自己的主人，越会有自主性和自信心，对于自我的构建就越扎实。教育家蒙特梭利将3到6岁的发展阶段描述为"自律与服从的内在结构完成，发展出一个真实的心智的内在模式，为想象力和创造力的发展打下基础"。所以，5岁孩子的家庭，在明确规则、规范孩子社会化行为的同时，又要保护孩子的自主性，鼓励孩子独立思考、独立做事。这其中的分寸需要父母好好地把握。

5岁孩子的家庭应该注意些什么

爱和人情味是家的主题

家是什么？家是香喷喷的饭菜，是温暖的被子和柔软的枕头，是听妈妈讲故事，是和爸爸玩摔跤，是一家人挤在一起聊天欢笑……

美国作家爱默生曾经说过："家庭是这样一个地方，在一日之中，人们的胃口得到三餐的满足，而人们的心灵却得到千百次的满足。"家是温暖的，是飘着香味和笑声的，是能抚平伤口、安慰伤心的地方。

家庭，单靠血脉是无法维系的，维系一个家庭，最重要的是"爱"——这个亘古不变的主题。家庭是一个爱意弥漫的地方，在这里，爱是家人彼此之间的黏合剂。

现代人的压力都比过去大，匆匆忙忙的生活中，许多家庭缺失了"心灵港湾"的功能，变成了例行公事的场所，胃口也许得到了满足（甚至胃口的满足也打包给外面的饭店了），但是心灵却越来越饥渴。换句话说，家的"人情味"淡了。什么是人情味？那是人和人之间真挚的感情流露，是设身处地的体谅和关怀。和人情味相对的是冷漠和刻板。

有个妈妈想要给孩子最好的爱和教育，她处处以"好妈妈"的标准要求自己，也以"好孩子"的标准要求孩子。她每天按照专家建议的流程来活动，给孩子买各种昂贵的绘本和玩具，买各种进口的食品和衣服。但是她看不到孩子真实的状态和内心，只希望有一个漂漂亮亮、干干净净的听话的"好孩子"。当孩子满头大汗兴高采烈地想跟妈妈分享和小伙伴玩沙子的乐趣时，妈妈说："看你脸上手上多脏！来，妈妈给你洗洗。"当孩子心情不好闹脾气的时候，她却只是想尽一切办法让孩子停止哭闹而看不到孩子真实的需求。

上文这样看上去很美好、很有秩序的家庭其实无法滋养孩子的心灵。这样的家中，孩子会经常"无理取闹"，而妈妈则扮演着"好妈妈"的角色郁闷到内伤。也许这个妈妈需要找出自身的成长伤痕，从而学会看到真实的孩子，表达真实的情感，做真实的父母。只有这样，孩子才对家有归属感和安全感，否则不论别人如何认为他"生活在蜜罐里却不知足"，孩子的内心都是孤独的，甚至是绝望的。

家庭是一个系统，是一个统一的场域，其中的每一个家人、每一种关系都会对这个系统的"风气"产生影响。所以爱与人情味不光是父母要给予孩子的，它属于家庭中每个成员。大家相互关心、其乐融融，有矛盾及时解决，不用冷暴力。这样在爱的氛围中成长的孩子心态阳光，即便遇到挫折或者是有些能力上的不足，也可以乐观面对，通过努力去学习和提高。

尊重每个人的需求和现状

尊重是个老生常谈的话题，我们的传统文化主要是在引导子女尊重父母顺从父母，而从西方引入的新教育理念则强调家长尊重孩子的独立人格，顺应孩子发展的需要。现在许多接受新教育理念的父母，尤其是妈妈们，会有意识地去尊重孩子的需求，尽力给孩子爱与自由。而对其他家庭成员，她们则总觉得自己站在"科学先进"的高峰上可以俯视众人，容易因为理念的不同或者习惯的差异陷入抱怨、指责和焦虑中。

其实，期待老人、配偶摒弃旧的习惯，都能跟上自己"先进"的步伐，是可以理解的。但是，如果爱和尊重仅仅给了孩子，那家庭的天平是倾斜的，环境是分裂的。这种环境对孩子的发展并没有好处。

前面已经谈到过，爱是家的主题，每个家庭成员都应该得到尊重与爱的滋养。5 岁是孩子人格形成的重要时期，孩子需要被尊重，需要得到试错的机会，需要得到明确的界限和规矩，需要在和周围世界的不断探索磨合中发展真正的自我。但是，现实情况是，起跑线理论深入人心，孩子成了实现家庭期望和梦想的"代言人"，承载了过度的显性或者隐性压力。有的父母为了孩子"少走弯路"，恨不得把孩子的每一步都规划得完美无瑕，稍有偏差就会恨铁不成钢。有的祖辈或者父母也会因为不了解孩子的成长规律而武断地给孩子贴各种标签，或者以包办代替剥夺孩子试错的机会。

可是，光尊重孩子的需求就够了吗？其他家庭成员也渴望被理解、被肯定、被倾听，尤其是帮助年轻父母照顾孩子的老人。如果我们做父母的能放下优越感和成见去观察，就会发现老人通过一生的践行，积累了许多生活的智慧。如果去真诚地请教、及时地赞美，老人会觉得被肯定和关注，情绪容易愉悦。关系融洽了，家庭的氛围轻松了，孩子必能从中获益。同时，作为父母的我们也要好好对待自己的需求，及时解压和疏导不良情绪。随意发泄情绪固然不对，但是一味地压抑自己的感受和需求也是非常不可取的，这容易导致身心的不协调和突如其来的"爆发"。总之，好的家庭氛围就是大家亲密但是又有界限，彼此尊重和接纳各自的现状，共同成长进步。作为成年人，首先要给孩子做出榜样。

家是由家庭成员组成的，家庭成员之间的关系直接决定了家的气场和温度。这一章中，我们将站在父母的角度，看看夫妻关系、亲子关系、同胞关系这些常见的家庭关系是如何影响家庭的，作为父母又该如何努力营造和谐的关系。隔代养育是中国常见的现象，这里我们也讨论了对于隔代养育中关系的处理原则。另外，本章特别强调了爸爸与孩子的关系及对孩子成长的影响，提倡父亲担负起更多的养育的责任。

第 2 章

爱的联结，和谐的关系

父母相亲相爱是送给孩子的大礼

夫妻关系才是家庭的定海神针

我们都知道，父母关系不和、经常吵架对孩子有着非常恶劣的影响。有的夫妻，会把孩子作为"争夺同盟"的对象，这样会给孩子造成很大的困扰和分裂。许多人回忆自己小时候看到父母争吵时，那种恐惧和痛苦仍然历历在目。因为孩子是天然爱父母的，所以他们很容易把父母的不和联系到自己身上，认为是因为自己"不好""不乖"才造成了这一切。心理学家海灵格将孩子称为"家庭中的救世主",因为孩子有天生的牺牲自己的健康和发展,来平衡父母关系的倾向。有些孩子变得过分"懂事",战战兢兢地企图拯救父母的感情,有些孩子则从此行为乖张,总是惹事,希望把父母的注意力吸引到自己身上,从而在事实上帮父母"和好"。

还有一种情况在中国很普遍:孩子出生之后,立刻就升级为全家的中心。所有的事情都为孩子让路,亲子关系也自然而然地跃升到夫妻关系之上。许多父母(尤其是妈妈)把所有的爱和关注都倾注到孩子身上,不知不觉就忽略了伴侣的感受。夫妻二人有时候还因为孩子的养育问题彼此埋怨,由此有的孩子会有这种感觉:我和妈妈是最亲的,我才是妈妈最爱的人,我可以取代爸爸的地位。从心理学上说,这种关系是不恰当的,这会让孩子无形中承担了不应该承担的感情压力,占用了孩子健康成长发展自我的能量。尤其在 3～6 岁的俄狄浦斯期,父母关系不好的家庭无意中顺应了孩子的需求,让孩子相信异性父母更爱自己而非同性父母,这对孩子的性别认同和将来的社会交往都会造成不良的影响。

对一个家庭来说,夫妻关系才是"定海神针",夫妻之间亲密和谐,不仅容易营造出轻松的家庭氛围,而且给孩子示范了健康的婚姻关系。孩子会从父母身上学习爱一个人的方式。如果父母对待伴侣的方式是满怀爱意、彼此信任的,双方的关系是亲密的、有回应的,那么孩子就会认为应该用同样的方式去爱一个人、信任一个人,同时也会相信自己在这样对待对方的时候，会得到对方相同的回应。所以，作为父母，不论对孩子多么重视，为了孩子花费多少时间和精力，都不能忽略与伴侣的关系，夫妇二人应彼此相爱，并且爱孩子。

罗素在《婚姻革命》中说："如果想让孩子长成一个快乐、大度、无畏的人，那这孩子就需要从周围的环境中得到温暖，而这种温暖只能来自父母的爱情。"弗洛伊德也说："一个为父母所特别钟爱的孩子，一生都有身为征服者的感觉；由于这种成功的自信，往往可以导致真正的成功。"夫妻恩爱意味着家庭和谐和稳定，家庭和谐稳定，生活氛围就会轻松愉快，生活轻松愉快，孩子就成长得快乐和健康。夫妻恩爱，父母对孩子慈祥和挚爱，就会在家庭中营造出融洽温暖的心理气氛，这样的家庭心理气氛必定会对孩子身心发育大有助益。根植于"父（母）子情深"基础上的家庭教育，其作用力也许是其他任何一种家庭教育手段都无法比拟的。

> **Tips**
>
> 要让孩子知道父母虽然都很爱自己，但是他们彼此才是伴侣，这样孩子才会安心地发展自己，并且努力向同性父母学习如何做一个好"男人"或好"女人"。

爸爸妈妈育儿理念不同怎么处理？

许多妈妈，尤其是接受了比较新的教育理念的妈妈，经常会吐槽自己老公的教养方式——或者简单粗暴，或者不讲原则地答应孩子的无理要求，或者不懂共情，或者盲目攀比打击孩子自信……总之，科学的大旗举起来，其他人都成了让妈妈们痛心的"猪队友"。部分妈妈觉得

参与度还是低得惊人。据统计，在中国的家庭教育中以母亲为主的占50%，以父亲为主的占 20%，平分秋色的占 30%。平时在家里照顾孩子日常生活的多数是妈妈，陪孩子玩耍的多数是妈妈，在论坛上请教育儿问题的多数是妈妈，跟幼儿园老师沟通的多数是妈妈，陪孩子上兴趣班的多数是妈妈……

"孩子爸爸平时工作忙，回到家孩子经常已经睡了，好容易周末的时候有时间和孩子一起吧，他还抱着手机玩游戏，孩子在幼儿园的表现他都不管不问的，出了什么事儿就埋怨我没把孩子带好。"

"孩子爸爸经常出差，回家的几天就拼命地宠孩子，孩子在爸爸面前想怎样就怎样，平时养成的好习惯全都打乱了。"

"我家孩子的爸爸教育观念落后也不学习，平时对孩子的情绪和想法关心得少，孩子出了什么问题他就打骂，小时候孩子害怕爸爸，慢慢长大一点儿开始顶撞爸爸，爷俩在一起经常闹得鸡飞狗跳的。"

"孩子所有的事情都是我管，爸爸就是一甩手掌柜，他说他没有我管得好，就全权交给我了。我为孩子忙得七窍生烟，他优哉游哉地上网。"

…………

说起爸爸在家庭教育中的缺位，可能有很多原因。传统文化中"男主外，女主内"的观念，让爸爸们觉得给孩子赚钱比陪孩子玩要更有面子，有的爸爸工作忙时间少，有的爸爸觉得"孩子小，谁陪都一样"。有的时候，这种现象还跟妈妈"不放心""不放权"有关。但是总结起来，这都是因为家长们没有意识到爸爸在家庭教育中的重要意义。

父亲是孩子生命中的第一个男性形象，他的形象会给孩子树立起"男人应有的样子"。孩子对男性的认识都是从爸爸开始的。对男孩来说，父亲长期缺席会导致他们没有近距离的男性榜样，这会使他们更容易被妈妈溺爱和控制，容易变得胆小、娇气和黏妈妈。因为妈妈照顾孩子的特点，孩子的独立性、自理能力和规则意识都容易不足。对于女孩来说，与父亲的相处中是否能获得安全感，也会关系她们成年后在亲密关系中的安全感。被父亲冷落或者虐待的女孩，长大以后在性和亲密关系中出现问题的概率大大高于和父亲关系好的女孩。

当然，以上父亲缺位的危害并非是绝对的。但是，国内外的研究结果确实越来越多地显示出"父亲"角色对孩子各个方面发展的重要性。英国纽卡斯尔大学的研究者用了半个世纪，对17000个英国婴儿进行了11年的跟踪调查。结果显示，经常与父亲相处的孩子，比更少与父亲相处的孩子聪明。家庭教育中，父亲参与得越多，孩子越会表现出高情商和高智商，在学校越会取得好成绩，更少出现行为偏差，在社会上也容易成功。同时，这样的孩子将来能够进入亲密婚姻的可能性会大大提高。看到这里，是不是所有的爸爸都想要开始行动了呢？

Tips

爸爸对孩子的用心陪伴能够换来孩子更优秀的表现、更幸福的人生。

爸爸怎么做？

很多爸爸也许会说，我确实忙呀，真的抽不出时间陪孩子。其实，很多时候，挤不出时间是因为不够重视——说没有时间陪孩子，可是刷微博、看朋友圈、玩游戏一天也没耽误。另外还有一点需要了解：爸爸对家庭教育的参与并非仅仅体现在时间长短上，如果能够提高陪伴的质量，在有限的时间内也可以有很好的效果。5 岁多的孩子白天在幼儿园生活，有了很多自主玩耍以及和小伙伴玩耍的时间，每天回家之后父母的陪伴更需要提高质量，这是一种感情联结的需要。高质量的陪伴就是把注意力放在孩子身上，全身心投入，和孩子一起享受当下的活动。如果孩子在看电视，爸爸在旁边玩手机，这样的陪伴则意义不大。其实，爸爸只要每天保证 15 到 30 分钟高质量的亲子陪伴，对孩子的意义就非常大。陪伴时间更久自然更好，但是要保证这种陪伴是投入的和愉悦的。那么，爸爸们都可以做些什么呢？

◇每天跟孩子交流感受

每天抽时间跟孩子聊聊天，可以问问孩子在幼儿园有什么开心事儿——有没有交新朋友？老师教了什么，可以教教爸爸吗？也可以聊聊自己童年的经历、下班路上看到的事情等等。有个爸爸说："我的孩子太烦了，我一回家就缠着我不停地说，我耳朵都快嗡嗡响了。我稍微拿出手机看一眼，他就不乐意。"其实，孩子很渴望跟爸爸分享他的感受，这也是增进感情的好方式，如果爸爸能耐心倾听，引导孩子说出自己的感受和情绪，那么这对于孩子的情感发展非常有意义。千万不要不耐烦地打断孩子看似啰唆的诉说，也不要心不在焉地敷衍孩子，更不要孩子说什么都要教育和教训孩子该怎么做。如果孩子不愿意跟你说话了，问题才真的来了。

◇**陪孩子运动**

和孩子一起运动是件很快乐的事，比如每天早上或者周末，和孩子一起跑跑步、踢踢足球或者拍拍篮球，不但能增强孩子的体质和对疾病的抵抗力，还能养成孩子喜爱运动和早起锻炼的良好生活习惯。假日时爸爸们还可以带孩子去爬爬山，一起探索大自然花草生长、鸟虫鸣叫的奥秘。

◇**陪孩子玩耍**

爸爸们可以陪孩子下棋、猜谜语、玩玩具、画画等等。以下是一个爸爸陪孩子下棋的感受：

我平时工作很忙，回到家经常觉得累也懒得陪孩子，感觉孩子跟我也不太亲。那天我静下心来认真地陪着孩子下了几盘飞行棋，没想到孩子非常开心，不停地爸爸长、爸爸短地跟我叨叨。看着孩子兴奋的样

Tips

陪孩子读书

每天抽时间，给孩子读一本图画书，这将是送给孩子的珍贵礼物。

子，我突然觉得挺愧疚的，这么简单的事儿就把孩子高兴成这样，而我过去居然一直都懒得做。

◇打闹游戏——爸爸的长项

最新研究证实，"爸爸和孩子之间打打闹闹的身体游戏"是一项至关重要的父子亲子互动方式，尤其是在出生至学前这一段孩子早期的人生时期，它能够给孩子各方面的发展带来无穷的益处。简要地说，打闹游戏可以增强孩子的身体素质、适应能力、反应灵敏度及社交能力，可以培养孩子坚忍不拔的品质和规则意识。不管是男孩还是女孩，都可以通过打闹游戏来沟通父子感情。在一片笑声中滚成一团，不仅对孩子的发展有许多意想不到的帮助，还能给爸爸减压。

妈妈怎么做？

爸爸和妈妈对陪伴孩子的擅长项目不同，爸爸擅长的活动有运动和大肢体游戏等。如果爸爸陪伴孩子，妈妈一定要及时给予鼓励——"啊，孩子跟你一起玩真开心！""我说了很多次他都对篮球不感兴趣，你带他玩了一次他就喜欢上了！"爸爸和妈妈不同，如果让爸爸带孩子，妈妈们就一定要接纳他们的粗放和不拘小节，不要指手画脚，不要指责埋怨，要保护爸爸们的积极性。

妈妈可以放下那些对自己的标准和担心，放下自我要求。假日周末时不妨适当"偷懒"让自己放松一下，找闺蜜喝个下午茶，去健身房锻炼一下，去美容院来个 SPA，甚至补补觉……把孩子交给他的爸爸折腾去吧。丈夫和孩子的表现会让你惊喜到的。

孩子和你亲，才愿意听你的

妈妈发现 5 岁半的聪聪最近多了很多"坏毛病"，比如吃饭总是剩下几口怎么也不吃了，遇到不顺心的事儿就发脾气。她认为，不能溺爱孩子，再加上自己也很累很烦躁，所以总是严厉地批评聪聪做得不对的地方，让他以后不要再犯，有时候还会用"面壁"等方法来惩罚犯错的聪聪。可是聪聪"毛病"不但没有改好，反而越来越厉害，而且又多了更多的坏习惯，比如说脏话、摔东西，聪聪也因此更频繁地被爸爸妈妈批评和惩罚。为此妈妈看了一些育儿的书籍和帖子，专家和网友提供的方法也尝试了很多，却都效果不佳。

有一次一个网友的话提醒了她："如果什么方法都不管用，那就回头检视一下和孩子的关系是不是有问题。孩子和你亲，才愿意听你的啊。"她一下子觉得被击中了。最近一段时间她的工作非常忙，有时候回家很晚而且累得不想说话，陪聪聪玩的时候也经常不够耐心。有一次吃饭的时候聪聪突然说要妈妈喂他吃两口，当时她没有在意，觉得不能惯孩子就断然拒绝了。"其实现在想来，孩子就是想确认一下妈妈的爱，和妈妈撒个娇而已。"聪聪的妈妈说："我却总是害怕宠坏了孩子，老是拒绝他，还怪他不懂事。"想通了这个，聪聪的妈妈和爸爸商量之后，决定先不着急"扳"孩子的坏毛病，而是尽量多抽时间陪孩子玩游戏、读书，遇到问题也尽量理解孩子的情绪、想法而不是上来就责骂。只要不是原则性的问题，他们尽量答应孩子的要求。慢慢地，聪聪发脾气的次数减少了，对爸爸妈妈的话也能听进去了。有一次妈妈下班回家，聪聪拿着书让妈妈给读，妈妈说太累了想先躺一会儿，聪聪说："妈妈，你多躺会儿吧。我先玩会儿别的。"妈妈当时眼泪差点儿掉下来，"放在过去，肯定是孩子哭闹着非要现在就听故事，甚至还会摔东西"。

好方法为什么不管用？

聪聪的妈妈开始尝试了很多方法，许多方法都是其他家长用过的很不错的好办法，但是为什么在聪聪身上却没有作用呢？这固然有不同的孩子性格特点不同的缘故，但是主要的原因是，这些方法大多是"技术层面"的对策，对于孩子出现行为问题的原因却没有意识到。聪聪最初也许是孩子正常的顽皮，也许是感觉到妈妈最近陪伴得少了，想和妈妈撒娇，这都是很正常的反应。如果聪聪妈妈觉察到孩子行为背后的心理，及时地理解和共情，或者调整自己的状态，孩子也许不会出现后面的更多问题。可是这时候爸爸妈妈都是盯着孩子出现的"不良行为"，通过简单粗暴的指责、惩罚等方式想把"坏毛病"消灭掉。这样孩子会感觉更加失望、伤心和烦躁，长期如此，亲子关系必然紧张。同时，孩子还会伴随着低自尊的自我评价，"啊，妈妈真的不喜欢我了！""我是个坏孩子。"不同的孩子有不同的表现，有的情绪低落萎靡不振，有的逆反冲动跟父母对着干，有的表面上顺从但是通过各种"状况"被动反抗，比如磨蹭。

先理顺关系，再说教育的事

为什么要先和孩子搞好关系？其实道理是很简单的，我们自己也有这种体会——同样的请求，如果是关系好的朋友提出来，二话没说就OK；如果是关系一般的熟人，那可能会犹豫一下；如果是点头之交甚至是有嫌隙的人，则一般直接拒绝没商量。再举个例子，我们遇到生活中的难题，同样的建议和指导，如果是信任的人提出来的，我们更容易接受；如果提出建议的人和我们关系不好，我们可能明明知道他说得有道理也不愿意去照做。为什么？因为人都是感情动物，关系的好坏超越技巧方法，甚至超越是非对错。

父母和孩子的关系也是如此，亲子关系好的家庭中，孩子会很容易体谅父母的感受，他们会配合和听从父母的建议，调整自己的行为；亲子关系不好的家庭中，孩子会无视父母的感受需求，在父母反复要求下才勉强配合；亲子关系很差的家庭中，孩子有时候甚至会故意做出让父母不高兴的事。所以，亲子关系紧张的家庭，如果想解决孩子的所谓问题，最关键的是要改善关系。关系改善了，其他的技巧方法才有可能发挥作用，甚至，不用什么方法，问题就已经解决了。

◇以平常心对待孩子的情绪和行为

孩子都会犯错，因为他是孩子。许多父母对孩子做得好的地方视而不见或者认为理所应当，但是对孩子做得不好的地方，就絮絮叨叨不停地说教和指责。有的父母面对孩子犯错就如临大敌，仿佛不"下狠手"孩子就会从此堕落。其实，孩子的成长就是不断试错的过程。孩子毕竟不够成熟，思维的逻辑也和大人不同。如果父母面对孩子的各种"不尽如人意"的行为时，抱着"这对孩子来说很正常"的心态，能理解孩子行为背后的需求和原因，就会用不同的态度和方式去解决问题。比如孩子不肯睡觉，如果父母觉得这是因为孩子"不懂事""故意不听话"，就会生气、烦躁，忍不住教训孩子一顿；如果父母意识到孩子会这样只是想多和父母玩一会儿，那么心态就会平和很多，他们就会想其他办法来让孩子尽早睡觉。当父母不再总是认为孩子"不听话""不懂事"的时候，当父母用欣赏和理解的眼光来看待自己孩子的时候，父母的语气、表情、神态都会不同，而孩子会敏锐地觉察并吸收到这个信息。

◇倾听孩子的心声，合理满足孩子的需求

聪聪已经 5 岁多了，却非要妈妈喂他吃饭。这看似是个不合理的要求，如果妈妈坚持要求聪聪自己的事情自己做，甚至为此批评他，那么看似正确的做法却会使亲子关系的鸿沟更宽。如果妈妈能看到孩子不合理要求背后合理的心理需求——确认妈妈的爱没有改变——那么她可能就会开着玩笑喂聪聪吃一顿，而不会担心从此之后孩子不自己吃饭。或者，让聪聪也喂妈妈吃饭，从而在轻轻松松的气氛中把这个举动变成一个母子之间亲密的小游戏。

孩子也许确实会提出一些不合理、父母也不能满足的要求，这时候我们尽量做到不指责，同时倾听孩子被拒绝后的情绪。这不容易做到，但是绝对值得一试。

◇放下对"溺爱"的恐惧

接纳孩子的哭闹和情绪，孩子犯错了也不批评，提什么要求都尽量满足，这不是溺爱吗？确实，溺爱这个词成了"万用靶心"，孩子出什么问题都可以归罪于溺爱。而实际上，溺爱和理解孩子、接纳孩子完全是两码事。溺爱孩子，貌似是满足孩子的所有要求，实际上没有界限，让孩子无所适从，而且常常伴随着包办和控制，剥夺了孩子自己成长和解决问题的机会。而真正的爱，是理解、信任和接纳；是放手给孩子自由，让孩子试错但是不指责不批判，在需要时出手相助，不需

要时则鼓劲加油；是建立明确的规则与界限；是看到并尽力满足孩子的成长需求。

真的爱再多也不会把孩子"惯坏"，适当的宠爱孩子，允许孩子撒娇或者一时"不守规矩"，也不会造就一个"小皇帝"。我们要放下对所谓"溺爱"的恐惧，把爱和欣赏从容地表达给孩子。只有得到充足真爱的孩子，才会真心地愿意配合父母遵守规矩。

◇父母和孩子都要加满"爱的油箱"

也许有的父母会说，你说的这些道理我都懂，可是我真的是看到孩子的举动就忍不住发火，过后也会后悔，觉得没必要那么严厉，但总是控制不住。这里涉及父母自身情绪管理的问题，我们前文已经讨论过。

我们知道，孩子在归属感、安全感不足的时候，就不会体谅他人和爱他人，也容易出现问题行为。父母要尽量把孩子的"油箱"加满，让父母的爱成为孩子面对一切的力量源泉。其实成人也一样，在状态不佳的时候，说话做事都比较容易失控，尤其是在家庭这种放松的环境中。想象一下，上班很累，回到家，看到孩子"屡教不改"地没有收拾玩具和书本，是不是也容易火冒三丈？

其实，接纳孩子首先要接纳自己，宠爱孩子也要宠爱自己，给孩子加满"油箱"，首先也要把自己的"油箱"加满。硬撑着表演"好妈妈"的角色是不可取的，一是难受憋屈自伤身心，二是孩子能觉察到真的接纳和强压怒火的区别。如果父母嘴上说着接纳，可是表情神态表现的却是深深的不接纳，那孩子只会感到困惑和不安。

必须要求老人的做法和你一致吗？

康康5岁多了，3岁之前是由妈妈带的，上幼儿园中班之后，妈妈重新找了工作。由于妈妈工作比较忙还会出差，于是康康的奶奶过来一起住，帮着接送和照顾孩子。慢慢地，一些大大小小的矛盾出现了，关于康康的养育也出现了一些分歧。比如，康康很爱吃冰淇淋，妈妈规定了一天最多可以吃一个，但是奶奶经常耐不住康康的软磨硬泡和撒娇，明明康康已经吃过还是给他买了。此外，奶奶总是喜欢替康康做事情，不仅平时盛饭、倒水这种事请都不许康康动手，连吃饭时看到孩子吃得少了也总想喂几口。康康妈妈好几次说让孩子自己来，但是奶奶下次还是喜欢包办，说急了就说，"你们小时候就是这么长大的，现在不也挺好的？"平时为了这些琐碎的事情，康康妈妈和奶奶几次闹得有些不愉快。康康爸爸认为妈妈有些小题大做，更让妈妈觉得委屈郁闷。

后来有一次奶奶因为家里有事回老家两周，这两周里面，康康爸爸妈妈陡然觉得忙碌非凡，送孩子、上班、接孩子、做饭、做家务……一天下来累得话都不愿意说了，夫妻俩因为疲劳还经常情绪失控吵两句。一天，康康让妈妈陪他玩，妈妈说还要加班，让康康先自己看书，康康突然说，奶奶从来不拒绝我！康康妈妈这时候突然意识到，其实奶奶平时总是默默地把家务整理好，变着花样给孩子做饭，他们两人都忙的时候就耐心地陪伴康康，让他们没有后顾之忧。而自己却没有足够的感恩，反而总是盯着老人的"不足"做文章。等奶奶回来之后，康康妈妈的心态和做法都有了改变，不再为一些小事和奶奶争辩。她下载了很多教育专家的课程录音，没事儿就放着听，在外面总是当着别人的面夸奶奶善于学习新知识，带孩子特别有一套。奶奶慢慢地也愿意接受意见了，虽然并不是总能改变自己的习惯，但是家里的气氛比过去好了很多。

隔代养育中发挥祖辈优势

许多爸爸妈妈觉得，爷爷奶奶的知识、育儿经验、教育理念都比较落后，容易溺爱孩子。但是老人教育孩子也有许多优势，第一，老人带孩子有充足的时间，而且没有社会工作的竞争压力带来的焦虑和烦恼，心态更平和，对孩子会更加宽容和耐心。许多时候，父母心心念念的"无条件的接纳"倒是老人比较容易实现。第二，老人对孩子的感情真挚深厚，父母如果因为各种原因缺位，老人给予孩子的爱对孩子小时候爱的补偿这一块可以起到很好的作用。许多爷爷奶奶带大的孩子回忆起小时候老人的疼爱还是一腔温暖。第三，也是最直接的好处，就是隔代养育解决了年轻父母的后顾之忧。老人帮忙带孩子，父母会比较放心，情绪也会相对放松，而父母的情绪对孩子的影响是很大的。

教育孩子的主角是父母

当然，两代人的理念和生活习惯不同，有矛盾在所难免，关键是如何处理这些矛盾。对扮演子女与父母双重角色的年轻爸爸妈妈而言，一定要在百忙中抽出时间与孩子交流、与老人沟通，只要你重视，时间总能挤出来的。比如，每天晚饭后和孩子做游戏、讲故事，周末带全家人一起外出活动等。

年轻父母一定要明确：自己才是教育孩子的真正主角。不能图省事把孩子的事儿都交给老人，也不用太多担心老人的做法对孩子的不良影响，因为对孩子影响最大的还是自己的父母。不论是与老人同住，还是暂时把孩子寄养在老人家中，我们都要注意和老人协调关系，一切以孩子的健康成长为出发点，积极解决矛盾纠纷，争取隔代教育取得双赢。

大原则下求同存异，关系是关键

两代人在一起生活，矛盾在所难免。选择请老人帮忙照料孩子，就不得不接受老人的习惯。跟老人相处的原则首要一条就是不要尝试改变他。老人的人格处在相当成熟的阶段，人生观、教育观和行为习惯已经完全稳定，很难改变。如果每次和老人沟通你都指出"你这里不对那里不对"，必然会引起老人的反感。他会想，"你又拿什么专家来说事，我带你们不也带得挺好的！"

有时候，年轻父母跟老人关于教育孩子的矛盾，解决的关键其实是处理好和老人的关系。关系好了，什么都好说，关系僵硬，则芝麻大的事都可能起冲突。老人辛苦帮忙，最希望得到承认和尊重，我们不妨经常和老人聊聊天，讲讲科学养育孩子的新经验，同时也虚心接受老人的指点；买一些科学育儿的读物，与老人交流学习体会，帮助老人接受新事物；对老人不好的做法，如果必须要指出，一定要以平等和耐心的姿态表明自己的态度，尽量减少正面冲突。我们执着地和老人争论是非对错，是没有意义的。让老人承认"做错了"又如何？就算表面上答应改变，心里却疙疙瘩瘩，行动上我行我素是常有的事。这样又会引发新一轮的矛盾，而这必然会影响孩子。

许多时候，面对矛盾，我们要想清楚：老人的做法，到底会对孩子造成多少不良影响？这些影响多少是确定的，多少是我们出于恐惧的联想？对于明确的不良影响，我们也得想明白：是纵容"坏习惯"的坏处大，还是坚持"斗争"，破坏家庭和谐气氛的坏处大？就像康康妈妈所说的，"两害相权取其轻"。不是原则性的问题，就顺其自然。当然具体的事情不同，选择的方式也不同，原则是把对孩子的伤害和不好的影响降到最低。

二宝来了！大宝不吃醋

　　聪聪 5 岁半了，有一个不到 1 岁的妹妹。妹妹出生之后，原来懂事的聪聪慢慢变得淘气任性，遇到不顺心的事情就在地上打滚。有一次他甚至要求妈妈喂他吃饭，因为妈妈不同意，他就又哭又闹。还有一次，他拿着刚画好的画给妈妈看，妈妈正忙着给妹妹喂饭，扫了一眼就说，"乖聪聪，自己去玩一会儿啊"。结果聪聪立刻愤怒地把画撕碎了。本来养成的好习惯聪聪都开始挑战，早上不自己穿衣服，晚上不肯刷牙，不肯睡觉，妹妹睡着了还大喊大叫，气得爸爸差点儿揍他屁股。后来聪聪幼儿园的老师告诉聪聪妈妈，聪聪对他信任的老师说过好多次"妈妈不爱我了""爸爸妈妈只喜欢小妹妹不喜欢我""真想杀了妹妹"这种话，并且还举了很多"证据"，比如，妈妈总是抱妹妹，却让他自己玩；

妹妹一哭，爸爸妈妈又拍又哄，而自己一哭爸爸就说他"不懂事"；爸爸妈妈总是在夸妹妹可爱，自己做得好的行为得不到表扬……

这是二胎家庭中老大很常见的想法和情况。"老大"曾经作为"独子"完全享受父母的关注和爱，现在弟弟或者妹妹出生了，所有的关注和资源都面临被"割去一半甚至更多"的风险。这种从"唯一"到"老大"的角色转变对孩子来说是个巨大的事件，父母有责任帮助孩子一同面对和转变角色。在这个过程中，大宝会不知不觉地试探父母的爱是不是如同从前一样。如果这时候父母没有照顾到大宝的这种心理，就会出现各种问题。

对于家有二宝的父母，具体应该注意些什么呢？

帮大宝接纳自己的新身份并为之骄傲

◇二宝出生之前就做铺垫

最好在二宝出生之前，就提前告诉大宝二宝的到来可能会带来的变化，让孩子心里有所准备。有个妈妈在怀二宝的时候就经常拉着大宝的手感受胎动，告诉他当年他也是这样在妈妈的肚子里面踢踢打打，二宝是家里的新成员，大宝要做大哥哥了，以后可以帮着爸爸妈妈照顾小宝宝。大宝经常对着妈妈的肚子给小宝宝唱歌说话，还说"小宝宝，我是你哥哥，你在妈妈肚子里面要乖乖的，等你出来我就知道你什么样子了！"

◇让大宝帮助照料二宝

5岁多的孩子已经可以帮助父母干很多事情了。父母可以分配一些任务给大宝，并对孩子的帮助表示由衷的赞赏和感激，由此可以增加大宝的责任感和自信心。比如，前文提到的哥哥在弟弟婴儿时期经常帮助妈妈拿纸尿裤、给弟弟唱歌或逗弟弟玩。这时候妈妈总是非常开心地说："看，弟弟多喜欢你，你一唱歌弟弟就咯咯笑呢！"

◇设置"大孩子"的特权

二宝有随时引起爸爸妈妈关注和照顾的特权，而父母也可以让5岁的老大有自己的特权，比如可以跟二宝说，只有哥哥（姐姐）才可以吃大人的饭菜，帮爸爸妈妈做饭，拥有自己的书架和书桌等等。要让大宝因自己是"大孩子"而自豪。

接纳和理解孩子的"问题行为"

孩子表面上是嫉妒和讨厌弟弟妹妹，实际是想确认父母依然爱自己，而且这种爱不会因为弟弟妹妹的到来而减少。了解了这点，爸爸妈妈要尽可能地给大宝更多的接纳和关注，在语言上和行动上帮助大

Tips

大宝"问题行为"的背后，是对父母之爱的确认和渴求。

宝确认爸爸妈妈的爱没有被"割走一半"。比如，父母可以更多地关注大宝的情绪和心理变化，多表达对大宝的爱和欣赏，当照顾小宝宝占用了较多时间和精力时，要和大宝解释小宝宝太小没有人照顾会活不下去，让大宝了解他小时候爸爸妈妈也是如此照顾他的。

恰当地处理俩宝的冲突

5 岁孩子的身份虽然是"大哥哥（姐姐）"，但实际上还是个幼小的孩子，有着孩子普遍的心理需求，比如被父母欣赏和陪伴，要求能得到及时的回应和满足等。而且 5 岁多的孩子大脑还没有发育完全，他们思维不够成熟，也容易冲动。如果父母理所当然地认为"当了哥哥就应该懂事，给小宝宝做榜样"，是不切实际的。

不分青红皂白一味强调"大让小"也是不恰当的，这很容易激化孩子间的矛盾，增加亲子冲突。父母出面"仲裁"矛盾时要公平公正，不能强迫让大宝"懂事"，而是要赋予大宝一些责任，让孩子感觉被信任、被尊重。比如，可以让大宝教弟弟妹妹收拾玩具、检查弟弟妹妹有没有乱啃东西。同时也引导二宝尊重哥哥姐姐，多向哥哥姐姐学习。这样大宝既和弟弟妹妹建立了感情，又树立了老大的"威信"，自然也会更加愿意谦让弟弟妹妹。

第3章

给5岁孩子温暖舒适的家

在这一章中，我们讨论了如何营造适应孩子成长的家庭环境，包括劳动的环境、艺术和美的环境、情绪环境、语言环境、阅读环境，这些环境涵盖了硬件环境和"软件"环境。5岁孩子独立的要求越来越强烈，所以父母要尽量给孩子创造一个属于自己的空间。此外，本章我们还简单讨论了家庭中常见的电子产品应如何对待的问题。

劳动最光荣

家务劳动能增强孩子对家庭的归属感和责任感

美国哈佛大学的一些社会学家、行为学家和儿童教育专家对波士顿地区456名少年儿童进行了长达20年的跟踪调查，结果显示，爱做家务的孩子与不爱做家务的孩子相比，长大后的失业率为1∶15，犯罪率为1∶10；爱做家务的孩子平均收入要高出20%；此外，爱做家务的孩子离异率、心理疾病患病率也较低。听了这样的数据，家长们是不是很想赶紧让孩子去做家务呢？

家务劳动确实是培养孩子归属感和价值感的很好方式。《卡尔威特的教育》一书中，作者特别强调了家务对培养孩子社会责任感的意义。"对卡尔的教育，我一直力图让他看到自己生活的意义，看到自己的行为能为他人带来影响，让他感到自己是为人所属，是有用处的，从此而生出自豪感和责任心。随着年龄的增长与社会接触面的扩大，这种责任心与自豪感的内容也会增长、扩大，不只局限于自己的家庭，但从家庭中培养出来的这种感觉却是未来责任感的基础，家庭没有这种基础，对社会对人类的责任感与使命感便不知从何而来。"

为 5 岁的孩子创造劳动的环境

首先，父母要给孩子积极的暗示和榜样。对 5 岁的孩子来说，如果感觉家务是一件不得不做却很无趣的事儿，那么他很难自觉自愿地坚持下来。如果父母在做家务时总是愁眉苦脸或者抱怨苦累，那么想让孩子爱上干活是不可能的。相反，如果父母能展示家务劳动的乐趣和成就感，就是给了孩子很不错的暗示：这是件有趣的事。

其次，父母要给孩子做示范，并给予孩子恰当的指导。例如，将"收拾房间"这一工作分解成数个步骤，如把玩具装进玩具箱里，把书放到书架上摆整齐等，避免孩子无从下手而积极性受挫。孩子最初做家务时，父母应该亲自给孩子做示范，回答他所有的疑问直到他能够独立完成。父母的耐心是至关重要的，即使孩子忘记了某个步骤，不要批评他，应高高兴兴地提醒他直到他记住为止。

此外，要多给孩子鼓励。对 5 岁多的孩子来说，积极地参与家务劳动比结果更为重要。如果孩子洗的袜子不够干净，擦的桌子不够亮，不要去批评他的工作，批评会挫败孩子的自尊，更会降低他与人合作的意愿。对父母来说，有时候孩子去做家务，与其说是让孩子帮忙，还不如说是给父母增加负担。但这却是培养孩子养成助人好习惯的大好时机。5 岁的孩子已经具备完成简单家务劳动所要求的良好的协调能力、灵敏度和注意力。父母要充分信任孩子，让他们发挥自信去独立完成某件工作。允许孩子做不好，鼓励孩子的努力和进步，让孩子坚持，他会越做越好。当孩子主动做家务的时候尤其要鼓励，比如可以说："我注意到你主动收拾了房间，让妈妈轻松了很多。""你扫地比过去干净了很多，越来越棒了！"孩子在受到鼓励的时候自然更愿意去尝试和坚持。

偶尔收拾一次东西或帮妈妈做饭，孩子可能觉得挺有趣，但是让孩子养成做家务的习惯却不是那么容易，很多时候父母为了省事也不愿意叫孩子参与家务。父母应该培养孩子形成固定的家务习惯。比如，有的家庭，倒垃圾和更换垃圾袋的任务就"承包"给了孩子，别看事情不大，但做得及时和周到也不容易；还有的家庭，一周每天给孩子安排不同的任务，一周都完成了就有奖励。总之，要养成习惯就得坚持每天去做，哪怕从很小的一件事开始做起。

在点滴细节中给孩子艺术和美的滋养

对美的感受力影响生活品质

诗人木心先生说过，没有审美力是绝症，知识也救不了。"现在很多人穷，往往穷的不是物质，而是精神。没有精气神，没有恰当的审美，生活剥露出最务实最粗俗的一面，越来越追求实用化的背后，就是越来越平庸，越来越枯萎。"

客观来说，大部分人的日常生活都是琐碎的，而重复、琐碎的生活会因为美感的修养而增添许多色彩。培养孩子的美感修养，不是指学画画、学钢琴、学芭蕾，甚至也不仅仅是指去看画展、看演出、听音乐会，最重要的是培养孩子发现生活之美的眼光，拥有热爱生活之美的能力。当一个人有了这种能力，在同样的境遇下，生活品质会比别人更高，也会更幸福。

Tips

"美盲"是可怕的，家长们要培养孩子们发现生活之美和热爱生活之美的能力。

美就存在于家庭生活的细节中

◇保护孩子对美的追求

孩子从小就有对美好事物和感觉的追求，比如 2 岁的孩子执意要吃完整的饼干，如果饼干被掰成了两半，他就会感到难过并哭闹；再大一些的孩子可能对自己和物品要求非常完美，比如衣服弄脏一点马上要换，画画过程中错了一点就要重新再拿一张纸，搭积木不满意马上推倒从头再来……如果父母理解孩子，知道这是正常过程中的自然表现，不去指责孩子"浪费""矫情"等等，孩子就会自然地发展对"美"的追求和理解。到了 5 岁，许多孩子尤其是女孩，开始执着于把自己打扮得更漂亮，每天会自己搭配衣服，挑选发卡、头绳等；有的女孩还会学妈妈的样子去化妆。这都是非常正常的现象，父母要做的就是保护孩子对美的追求，同时在生活中引导孩子提高审美的品位，发现和感受生活中方方面面的美。

◇让家里流淌着音乐

电影《肖申克的救赎》中主人公安迪因为给监狱的犯人放歌剧唱片而遭到禁闭后对朋友说："在脑中，在心里，音乐之美是夺不走的……有音乐才不会忘记世上有些地方是石墙关不住的。在人的内心有别人触碰不到的地方，是完全属于你的，就是希望。"音乐确实有这种力量可以让人在世俗生活中忘却烦恼，去享受美和希望带来的精神盛宴。

如何让孩子能享受音乐带来的乐趣？专门学习乐器和声乐当然也是可以的，但是即使不去专门学习技巧，仅仅在家里也完全可以让音乐滋养孩子的心灵。

平时，可以找些经典的乐曲做日常活动的背景音乐。比如孩子早上起床、洗漱、吃饭的时候，画画、做手工的时候，运动玩闹的时候，睡前时刻……都可以用不同的音乐作为背景。不知不觉中很多旋律就会种在孩子心中。

5 岁孩子的音准和节奏感已经发展得很好，能唱不少歌曲。父母可以多鼓励孩子在家里"开演唱会"，去大方地给家人表演幼儿园学过的歌曲。也可以和爸爸妈妈一起唱歌，或者反复听录音学会一首好听的歌。这个过程既增进了亲子关系，也增强了孩子对节奏和旋律的感受。

除此之外，父母也可以和孩子一起聆听音乐会的 CD，不必担心孩子不懂，不必讲解太多，只要陪他去静静地聆听，音乐本身就有神奇的魔力。如果孩子不喜欢你推荐的音乐，也不必在意，多选择不同类型的音乐给孩子听，但是要选择经典和美的作品。

◇家中陈列美的图书、图画和艺术品

绘画、书籍都是精神食粮，可以充实和滋养孩子的精神世界。对于

5岁的孩子来说，父母可以选择经典名画的画册来和孩子一起欣赏。不论是画册还是绘本，都要选择经典的、品位上乘的作品。不要以为孩子不懂，更不要把孩子的精神世界和精神需求矮化成低劣的动画片和漫画，以为孩子只"配"看那些貌似天真实则弱智的东西。同样是线条简单的绘本，生产线出品的和大师的作品，给人的感受截然不同，对孩子的熏陶也有天壤之别，所以这也需要父母提高眼界、有鉴赏力。当孩子高雅的品位构建起来，他们对于低劣和糟粕的东西自然就会有所抗拒。

◇家居布置、饮食衣着处处可以熏陶美感

有位作家曾说过，最深层次的审美是以一种审美的优雅态度生活，最终目标是把自己的生活雕刻成一件美不胜收的艺术品。一身得体舒适有品位的衣着，一本文字优美故事动人的小说，一部画面精致情节曲折的电影，一曲委婉动听的歌曲，一场动人心魄的话剧，甚至是一餐自己动手做的美食，都充满了美的享受，让人感到幸福和快乐。

具体到家庭的硬件环境，在干净的基础上，家具的布置、颜色的搭配、墙上的装饰画，甚至碗盘的摆放等细节都可以体现出美感。日本的音乐家、教育家山本美芽在书中写道，自从她拿鲜花来装饰餐桌之后，心情和气氛的变化令人惊奇。虽然只是简单的改变，但自从餐桌上有了美丽的鲜花，心情不知不觉会放松，看到餐桌周围有杂乱的东西也忍不住要收拾起来，甚至对待孩子的顽皮也多了些耐心。可以想象

> **Tips**
>
> 审美，不仅在艺术殿堂中，对普通人来说，生活才是审美的"主战场"。

这餐桌上的鲜花对孩子的影响和改变也是同样大的。

审美的能力有时候无关财富甚至知识，热爱生活，心中不乏美的想象和追求，生活就会有一份优雅和舒适。有个朋友回忆自己的童年——她的家庭并不宽裕，但是妈妈总是把家里收拾得一尘不染干净利落，冬储的大白菜也要一棵一棵在楼道码放整齐，简单的一盘凉拌黄瓜也要点缀一点红萝卜做的小花，窗台上经常摆着插满野花或者是白菜花的小罐头瓶，还有妈妈根据不同衣服搭配的花色不同的围巾……这一切都让她朦胧中体会到了美，体会到了生活不仅是吃饱喝足，还有更多精神上的东西。只要我们用心感受生活中的美好，用自己的手去创造美好，美和幸福就无处不在。

让家庭充满温馨和欢笑：情绪环境

家庭气氛对孩子有着深刻影响

家庭气氛对儿童的心理健康发展和品格的形成具有重要的作用。当前，父母培养孩子非常舍得花钱，买钢琴和报兴趣班都毫不犹豫，但对自己的榜样作用却缺乏重视，也较少注意家庭气氛的创造。他们以为孩子还小，只需接受父母的照顾，按照父母的指挥去做就好了。对家庭成员之间的言行却不甚注意。

其实，孩子们犹如小海绵一样把父母在他们面前的一切言行都记录下来，贮存在大脑中，这对他们的心理发展起着十分重要的作用。有些家庭，夫妻间争吵不休，家庭气氛经常处于紧张状态，这在孩子的心理上会形成巨大的压力；有些父母，在家里寡言少语，总是绷着阴沉沉的面孔，在这种气氛中生活的孩子缺乏安全感、情绪不稳定、容易焦虑、自卑固执、对人不信任、容易出现行为问题。而在温馨、民主、愉快的家庭气氛中生活的孩子则大多自信、乐观、待人和善、有同理心。

多萝茜·洛·诺特尔在《孩子们从生活中学习》中说过：

如果一个孩子生活在批评之中，他就学会了谴责。

如果一个孩子生活在敌意之中，他就学会了争斗。

如果一个孩子生活在恐惧之中，他就学会了忧虑。

如果一个孩子生活在怜悯之中，他就学会了自责。

如果一个孩子生活在讽刺之中，他就学会了害羞。

如果一个孩子生活在妒忌之中，他就学会了嫉妒。

如果一个孩子生活在耻辱之中，他就学会了罪恶感。

如果一个孩子生活在鼓励之中，他就学会了自信。

如果一个孩子生活在忍耐之中，他就学会了耐心。

如果一个孩子生活在表扬之中，他就学会了感激。

如果一个孩子生活在接受之中，他就学会了爱。

如果一个孩子生活在认可之中，他就学会了自爱。

如果一个孩子生活在承认之中，他就学会了要有一个目标。

如果一个孩子生活在分享之中，他就学会了慷慨。

如果一个孩子生活在诚实和正直之中，他就学会了什么是真理和公正。

如果一个孩子生活在安全之中，他就学会了相信自己和周围的人。

如果一个孩子生活在友爱之中，他就学会了这世界是生活的好地方。

如果一个孩子生活在真诚之中，他就学会了头脑平静地生活。

当你认识到家庭气氛对儿童的心理健康具有如此重要的作用之后，你有何打算？良好的家庭气氛不是天上掉下来的，它全靠家庭成员精心去创造。

"情绪垃圾"不要对着孩子倒

现代社会人们的压力都不小，工作紧张、人际关系复杂、经济压力大，为人父母之后还要加上对孩子教育的焦虑。很多父母在家庭中容易带着情绪，要么闷闷不乐，要么牢骚不停，当紧绷了一天的弦开始放松的时候，很多人选择了对自己的亲人发泄情绪。如果只是发发牢骚也罢了，一些父母在家庭的放松环境下，任凭自己的情绪泛滥，遇到一点问题就借机爆发，甚至孩子犯一点错就辱骂殴打。这不仅破坏家庭的气氛，损伤亲人之间的感情，更是对年幼孩子的心理有着极坏的影响。

"从小只要爸爸在家，家里气氛就很压抑，他总是这也不满意、那也不满意，一直都阴沉着脸，我们兄弟姐妹几个大气都不敢喘，生怕惹爸爸生气然后挨顿揍。长大了理解爸爸那时候在单位受排挤心情不好，但是直到现在和爸爸也亲不起来，平时的尽孝只是尽义务。"

"妈妈总是长吁短叹感慨自己命苦，看不得别人高兴，我总觉得如果自己快乐就好像是背叛她似的，结果我也变得消沉不快乐。"

温馨贴士

　　家固然是放松和接纳真实情绪的港湾，但是父母一定要知道，孩子还太稚嫩，父母的一言一行都会对孩子有着深刻的影响。如果有情绪，可以通过其他方式去发泄，比如运动、看电影、上网吐槽等。如果察觉到自己的情绪可能控制不住，就如实地跟孩子说明"爸爸今天心情不太好，和你没有关系"，然后等平静一些再去处理问题和陪伴孩子。

用游戏营造良好的气氛

卢梭在谈到家庭教育的问题时说："家庭生活的乐趣是抵抗坏风气的毒害的最好良剂。"亲子游戏是很好的联结关系的方式，大家一起笑一笑、乐一乐，增进了关系，气氛也更加轻松愉快。有个幼儿园大班的孩子在综艺节目上看到"撕名牌"的游戏，觉得很有趣，就在家里组织爸爸妈妈爷爷奶奶一起玩，每天"撕"两个回合，参与者和观众都很开心。还有个家庭，孩子很喜欢表演绘本里面的故事，自己当主角和导演，爸爸妈妈就是配角，大家一起按照导演的指示表演，一家人其乐融融。很多例子都证明，大家情绪好了，孩子和父母的关系亲密了，父母提出的要求孩子也更容易配合。

你会好好说话吗：语言环境

语言环境对孩子的影响

5 岁的诚诚被幼儿园的老师称为"小绅士"，因为他总是彬彬有礼，跟人说话"对不起""请""谢谢"不断，虽说文明用语大家都提倡，可是真正在日常生活中自然而然使用的确实不多。原来，诚诚的爷爷奶奶都是出国留过学的老知识分子，对于家庭礼仪有着一套规矩，诚诚爸爸妈妈在家里说话就是如此。虽然很多人感觉"自己家里人瞎客套什么"，可是他们习惯了之后不这么说却感到十分的不对劲。

5岁多的牛牛有句口头禅"你有病呀！"而来源就是爸爸，爸爸对别人不满意的时候经常把这句话挂在嘴边，结果被牛牛学会了。

个体语言的发展和其所在的环境息息相关，孩子成长中出现什么样的人、他们说什么样的话都会极强地影响孩子。和孩子接触最多的父母一定要注意在孩子面前的语言。

有专家指出，语言和用词有种神奇的力量，可以塑造和改变一个人的形象。如果坚持用词文雅，口吐莲花，那一举一动也会变得文雅平和；如果总是用词粗俗，那么气质也会相应地改变。所以，不管是为了自己还是为了孩子，父母都需要认真对待自己所说的话。

如何好好说话

对孩子（包括大人）说话要口齿清楚，温和亲切，少用命令和指责的口吻；家庭成员之间交谈也要注意相互尊重，尽量用词文明，不用粗俗的词汇；尽量说正面积极的内容，对于负面信息要客观阐述，尽量不给孩子误导；在不同意见的沟通方式上，多关注自己和他人的需求和感受，针对问题解决问题，尽量别分阵营或分对错输赢，更不可以针对人来贴负面标签；还有一种情况也要格外注意，大人之间互相打趣开玩笑的"互损"，被不完全理解其中含义的孩子学去，就容易变成另一种味道。

给孩子一个属于他的空间

5 岁的孩子需要独处的空间，父母有界限，孩子才会有界限。在物理环境上的个人空间，有益于孩子心理上的自我建设。

在某种程度上，孩子的个人空间会跟他的心理空间相呼应。如果他有一个自己的空间，那么在那里，他会有更多自主权，不需要太多自我保护，他可以真正地做自己。辅助孩子构建自我，是孩子生活中的头等大事，也是一个人在人生历程中最重要的事情。

如果有条件，当然可以给你的 5 岁孩子安排一间房间。如果没有条件，那么至少给他一个属于他的地盘，可以是一张桌子，一个小帐篷，或者一个阅读角。在这里，他可以随心所欲地做自己想做的事情，而且他也要对这块地方的整洁和有序负责。

对于 5 岁的孩子来说，因为快要上小学了，所以这个空间里面最好设置书桌，让孩子习惯在桌子前读写。

给孩子随时能阅读的环境

如今，很多家庭已经难以看到全家阅读的生动画面。这背后的因素有很多，家长事务繁多，工作压力大，挤压了阅读的时间；孩子被各种潮流电子产品俘获，成为"屏奴一族"。数据显示，近年来我国成年国民图书阅读率呈小幅上升趋势，但人均 4.56 本纸质图书、3.22 本电子书的数据，远低于以色列、日本、法国等国家。这一事实不仅让我们看到了与西方国家的较大差距，而且也与我们诗书继世的文化传统形成了极大反差。家庭是社会的细胞，重视家庭阅读，不仅可以让家庭阅读成为全民阅读的引擎，也可以推动社会的文明与进步。

父母应该为孩子创设随时能够阅读的环境。具体来说，可以把书籍和其他印刷材料放入孩子经常活动的区域。在一只小书柜里放满孩子的绘本和其他图书，让他自己去取阅和替换。如果放书空间足够大，就把书摊开；如果没有，也保持几本书是"展示状态"。有条件的话，还可以布置一个孩子的"读书角"，设置好柔和的灯光，舒服的坐垫或者椅子，放上孩子最喜欢看的书，这么一个舒适的地方更能提高孩子读书的乐趣。

除了书本，还有其他阅读材料可以用来提高孩子的阅读兴趣和能力。如果孩子最喜欢玩的地方是模拟的厨房，你也可以把一些空的食品盒和牛奶罐放在孩子看得见摸得着的地方，再放些菜谱、食品清单和菜单。如果孩子喜欢用木工器械制作物品，那就再放上一些说明书或画一些模型，并将它们捆在一起。这样做的目的是为了给孩子创造游戏和阅读相结合的机会，并鼓励孩子去阅读这些材料。

数码产品是不是洪水猛兽？

完全隔离孩子和数码产品不现实

现在许多家庭都有 iPad 等数码产品，而新闻报道上关于这些数码产品对孩子的负面影响非常之多，随便搜索一下，"iPad 成儿童视力第一杀手""iPad 取代保姆，孩子患了自闭症""儿童玩 iPad 上瘾产生多种后遗症"……总结起来，数码产品可能对孩子的生理和心理产生多种不利影响。许多早教专家也建议不要让 6 岁之前的孩子接触平板电脑等数码产品。许多家长就比较困惑，数码产品真的是洪水猛兽吗？

新一代的儿童和我们不同，国外媒体称他们为"数码原住民"，从出生就被数码产品包围。现代社会数码产品的应用已经是无处不在，让孩子百分百的和它们绝缘几乎是不可能的。

家庭中数码产品使用的建议

首先，不可用数码产品取代亲子互动和其他活动。如果把孩子完全丢给数码产品，让其取代了亲子之间真实的互动，取代了阅读、游戏、劳动，取代了户外运动、亲子旅行、去博物馆参观，那必定会有问题。而玩电子游戏上瘾的孩子，症结往往也不在数码产品本身，而是亲子关系和安全感出了问题。

其次，家长自己使用电子产品也要有节制，不要给孩子树立消极榜样。如果父母天天拿 iPad 追剧、看小说、玩游戏，没完没了，或一刻不停地用手机聊天、刷朋友圈，也会被孩子模仿。

再次，父母要和孩子共同规划好如何使用电子产品。数码产品上有许多适合孩子的资源，比如益智游戏、有声读物、互动科普软件、绘本动画等等，合理利用这些资源，可以为家庭生活增加更多乐趣，也可以增长孩子的见识和技能。在利用这些资源时，要和孩子约定好时间，如一天最多看 40 分钟，分两次看。之后都按照这个规定做，不要轻易改变。比如不能因为孩子做错了事父母一生气就"不许看了"，也不能因为今天父母心情好或者不想被孩子打扰就默许孩子看更长的时间。

广义的家庭文化包含很多方面，这一章我们重点讨论家教家风。良好的家风家教能在传承中润物无声地影响一代代人，家庭是社会的元素，家教门风也同时影响社会风气甚至政治风气。所以，批判地继承中国传统文化中家教门风的精华对于今天的社会仍有重大意义。对于孩子来说，真实生活中的点点滴滴，如饮食起居，烹饪洒扫，言谈举止都是文化，而家教就隐藏在生活的细节之中。

第 4 章

孩子健康成长的家庭文化

家教门风体现在接人待物的细节中

日常生活就是最好的教育

现在的父母对孩子的教育是非常舍得下血本的，数不清的形形色色的早教班、特长班、兴趣班总是热热闹闹；为了孩子受到更好的教育，不少富裕家庭选择"国际幼儿园"或者干脆早早让孩子去国外当"小留学生"。然而，一些教育机构固然有不少的特色和优势，但却都不如家庭的熏陶和父母的言传身教对孩子的影响大。有些家长虽然愿意为孩子花钱，但是却忽略了作为家长对孩子的影响，忽略了给予孩子温暖、信任和帮助，没有在生活的细节中言传身教，这样的孩子也许将来也会考上很好的大学，但是缺失的家教却会让他在社会生活中不断碰壁。

其实，父母不应该把自己的教育责任推给他人和教育机构。父母就是孩子最初和最重要的老师，也许教的不是高深的知识和复杂的技能，但日常生活的一点一滴，一粥一饭都是潜移默化的教育。在真实的生活中，孩子真正地学会感受爱心、表达情绪、分辨是非，学习解决问题、人际交往、敬畏生命、探索未知，而这种生活的教育、生命的教育才是孩子未来的根本和基础。

家庭成员的一言一行比说教管用一百倍

家教是家长对孩子的言传身教，孩子成为一个合格的社会人的关键在于家庭教育。孩子成为一个什么样的人，在很大程度上取决于父母和家庭氛围。

有不少父母常常羡慕别人家的孩子多么听话懂事，而抱怨自己家的孩子爱发脾气、不懂事、不喜欢看书，等等。除去孩子的个性差别，你在要求孩子的同时，回头看看自己做得如何？

你在抱怨孩子不爱看书的时候，看看自己是不是总是看电视、追韩剧？

　　你在要求孩子孝顺懂事的时候，看看自己对父母的态度是不是尊重和体贴？

　　你恼火于孩子脾气不好的时候，看看自己有情绪的时候如何处理？

　　你希望孩子遵守规矩，看看自己有没有喝了酒还开车？有没有为了赶路占用应急车道？

　　你希望孩子懂礼仪，看看自己是不是一着急就爆粗口？对服务员态度傲慢？

　　你希望孩子诚实，看看自己有没有还没有出门却对着电话说"堵在路上了"？

　　……

　　当然，不是父母是什么样子，孩子就一定会是什么样子，孩子的成长还受很多因素的影响。但是，父母自身呈现的状态却在很大程度上决定了孩子的状态。

　　有一个国外的创意广告，里面的孩子在重复着家长的举动，不论是吐痰、抽烟还是骂人。片子简单而震撼人心，告诉我们父母是孩子看世界的窗口，也是孩子模仿的对象，父母的一言一行，无论是美丑善恶、高尚卑俗，都会深深地在孩子的脑海里扎根，直接影响孩子的行为和习惯、心灵与人格。

　　一位大学教授回忆起自己的家庭给自己的影响时说，父母只是普通的农民，也不懂什么教育理论，但是他们的一言一行却给自己深远的影响。母亲对孩子非常疼爱，总是尽量满足孩子的愿望，并用自己的力量保护孩子不受伤害。父母都很善良，遇到讨饭的人总是尽量多给人一些食物，邻里亲戚有困难的时候总是会无私地帮助。母亲对家里的老人非常孝顺，是村里出名的好媳妇。而父亲对母亲也非常好，夫妻二人几乎从来不吵架。教授说，从小父母的呵护和恩爱让孩子们感到安全安心，他们的善良和厚道也滋养着孩子们的心灵，因为从小知道"与人为善""吃亏是福"，在后来的人生道路上也不斤斤计较，这样的自己反而常遇到贵人，得到很多别人渴望的机会。

也许正如一位诗人所说的，真正的教育就像一棵树摇动另一棵树，一朵云推动另一朵云，一个灵魂唤醒另一个灵魂。它是一个润物细无声的过程。当我们把注意力放到"教"孩子上时，一定要反省自己是否做到了对孩子的要求；当孩子出现一些我们不接受的行为时，我们要先检讨一下，是不是自己的言行促进了这些行为。

建设自家的家庭文化

家风是一种综合的教育力量，它是思想、生活习惯、情感、态度、精神、情趣及其他心理因素等多种成分的综合体，本身就是一种润物细无声的家教。家风通过日常生活影响孩子的心灵，塑造孩子的人格，是一种无言的教育、无字的典籍、无声的力量，是最基本、最直接、最经常的教育。它对孩子的影响是全方位的，孩子的世界观、人生观、性格特征、道德素养、为人处事及生活习惯等，每个方面都会打上家风的烙印。

在过去，家风常常通过"家训"和"家规"来实现传承。家风、家训、家规是中国的传统文化，深深地刻在每个中国人心中。家风是一个家庭在世代传承中形成的一种较为稳定的道德规范、传统习惯、为人之道、生活作风和生活方式的总和，它首先体现的是道德的力量。好的家训、家规、家风不仅承载了祖祖辈辈对后代的希望和鞭策，也是社会风尚健康发展的前提，每个家庭的家风好了，整个社会的风气自然也就正了。

有时候一个家庭的家风和家规，未必是像一些名家一样明文写出来的，它们也可能只是一个简单的句子或者词语，但对孩子的影响却是深远的。以下是几位网友对家规的感受和理解：

很长时间，家规对我来说都是很陌生的，意识中没有这个概念。在一次家庭聊天中，爸爸的一句"君子爱财，取之有道"一直深深地影响着我，不管是在后来学习时，还是现在工作中，我时常会想起父亲说这句话时的语重心长、意味深刻。当今形势下，我们不仅"取财"要"有道"，而且做任何事情都要遵纪守法、符合道德伦理纲常。

Tips

可以说，有什么样的家风，就有什么样的孩子。

在我家里，家规依次奉行两个原则：1. 先做个好人；2. 在此基础上，再努力做个有用的人。

父母虽是普通工人，但他们一直教育我要"常思感恩，尽力而为"。一路走来，正是这 8 个字给了我最坚实、敦厚的力量。在人生成长路上，不论是在学业还是生活上，我都始终告诉自己，不管结果如何，都要尽自己最大的努力，这样的过程才会是最有意义、最精彩、最难忘的；而对于一路走来所感受到的挫折与幸运、失意与快乐、独立与帮助，都要常怀感恩之心，感激生活赋予的好的、不好的，所有一切都将会是我生命中宝贵的财富。

随着社会发展变化和全球多种文化和价值观的冲撞，许多家庭流传的家风家训已经淹没在不断变化的流行语中。虽然有些规矩已经不符合现代社会的情况，但家规的形式和传统中的精华依然可以滋养现在的孩子们。于是，有些家庭开始着手设计自己的家规，他们不是像过去那样由长辈制定晚辈遵守，而是所有家庭成员一起协商和制定，所有人都以此为准则，这些家规既可以是行为的细则，也可以是品行的规范。比如有个家庭制定了六条家规：1. 出门和回家要和家人打招呼。2. 伤害或者妨碍了别人要及时道歉。3. 动别人的东西要经过允许。4. 诚实守信，不说谎。5. 用完的东西放回原处。6. 不在背后说别人坏话。看上去很简单，但是却意义深远。每个家庭其实都可以根据自己的情况，设置属于自己家庭的家规。

第四部分

走进 5 岁孩子的世界

孩子不光是你的孩子，也是社会的孩子。孩子所处的社会环境和社会关系既是孩子身心发展的条件，也是其身心发展的内容。虽然5岁孩子的社会化属性还非常薄弱，但是毕竟孩子都要慢慢长大，融入社会，社会化发展关系着孩子一生的健康与幸福。

　　幼儿的社会化发展大体分为三个维度：自我系统发展、社会交往发展和社会适应发展。虽然之前的部分已经包括了社会化发展的许多内容，但是这里还要着重强调社会化发展三个维度各自的影响因素和应对原则，提醒父母可以利用的社会资源，如电视等公共媒体、幼儿园、孩子的同伴等等。此外，本章还讨论了一些家长关心和需要注意的问题。父母要时刻谨记，家庭才是孩子社会化学习的起点和关键点，亲子关系将影响孩子一生的人格发展。无论何时，父母都应把孩子的身心健康放在首位。在培养孩子社会化技能的过程中，一定要尊重孩子的个性，让孩子按照自己的节奏成长。

人是天生的社会动物，在成长过程中会受到社会环境和社会关系的影响，同时也必然会融入社会，成为有一系列价值观和行为方式的"社会人"。简单来说，我们的基础目标是把孩子培养成为既独立又适应环境的"合格公民"。孩子的社会化发展大致分为自我系统发展、社会交往发展、社会适应发展三个部分，本章就5岁孩子的特点讨论这三个部分父母需要了解的内容。

第 1 章

5 岁孩子的社会化发展现状和父母教育原则

社会化发展对孩子的重要意义

何为社会化

每个孩子从出生的那一刻起就处于一定的社会环境和社会关系中。特定的社会环境和社会关系构成了儿童身心发展的基本条件，也构成了其身心发展的重要内容。因为人无论如何"天生是社会动物"，社会是个体发展的不尽源泉和广阔舞台，社会化是个体学习与发展的基本过程。

社会化有广义与狭义之分。广义的社会化指的是儿童从生物人向社会人的转化，即获得人类所具有的基本特征，包括直立行走、使用工具、言语交流、抽象思维等；狭义的社会化则是指儿童融入所在的社会环境与社会关系，接受所在社会群体认可的价值观和行为方式的过程，简单地说就是成为一个能在人群中正常生活的正常人。马克思说过，人"不仅是一种合群的动物，而且是只有在社会中才能独立的动物"，所以社会化的过程其实也是个性化的过程。

幼儿的社会化发展大体分为以下几个维度：1. 自我系统的发展，包括：自我认识、自我评价、自我调节、自尊心、自信心、主动性、独立性、自制力与坚持性等；2. 社会交往发展，包括：交往范围、交往态度、交往能力（合作、轮流、分享、解决冲突）等；3. 社会适应发展，包括社会角色、社交规则、社会规范、道德等。

社会化发展关系孩子一生的健康与幸福

社会化是儿童学习与发展的中心任务之一，因为只有习得所在社会群体认可的价值观和行为方式才能成为合格的社会成员。社会性领域的学习与发展，其实质在于促进儿童社会化，并使儿童在社会化的过程中逐渐形成良好的社会性与个性。

幼儿阶段是人社会性发展的重要时期。在这个时期，孩子们学习怎样与人相处，怎样看待自己，怎样对待别人；逐步认识周围的社会环境，内化社会行为规范；逐渐形成对所在群体及其文化的认同感和归属感，发展适应社会生活的能力。

幼儿期也是人的个性初具雏形的时期。这一时期形成的对人、对事、对己的态度，逐渐发展出的个性品质和行为风格，不仅直接影响孩子童年生活的快乐与幸福感，影响其身心健康以及知识、能力和智慧的形成，更可能影响其一生的学习、工作和生活。所谓"三岁看大，七岁看老"，其实真正反映的是人的社会性和个性特征的稳定性。

5 岁孩子的自我系统发展和教育建议

5 岁孩子自我系统发展的特点

5 岁的孩子更有主见，更加渴望独立。他们在日常生活中可能会对很多问题发表自己的意见，也会对大人的行为和周围的一些现象发表些"点评"；他们抵触父母安排的一切，对父母的"指挥"很是抵触，很多事情都愿意自己做主；同样的事情，如果觉得这是自己的选择，他们就更乐意去做；他们更需要自己的时间和空间来做自己想做的事情，不喜欢被父母打扰，但是如果父母对他们完全不管不问，他们又会觉得受到冷落，有时候显得很矛盾。

5 岁孩子的社会性情感已经发展到较高的水平，他们的自尊心更强，比以往更在意父母是否给予他们足够的尊重和信任；他们对成人的评价呈批判态度，如成人的评价不符合自己的评价，就会提出疑问，甚至表示反感；他们的自我评价开始具体，出现对内心品质的评价，且有评价依据。

相关实验显示，5 岁孩子的自制力明显提高，能比较正确地按成人的要求行动。但由于他们的大脑皮质的兴奋仍相对占较大优势，言语思维发展水平较低，行为易受外界事物或情境的引诱而更多地表现出冲动性，因此其自制能力较之成熟的成人仍有很大差距。

培养自尊、自信、自主的 5 岁孩子

◇对孩子的评价要客观，保护孩子的自尊心和自信心

"这孩子怎么总是不懂事""你做事情老是毛手毛脚的，不能认真一点吗？""他做事情不专心""他喜欢撒谎"……许多时候，家长怒火之下或者平时随口一说的话，都像标签一样，贴在孩子的身上。其实，父母希望的是孩子能够做得更好，而标签化评价的作用却是南辕北辙，

它会让孩子逐渐认同这个标签，并让孩子觉得"我就是这样的，我这么做才正常"。

　　孩子的自信心需要父母的鼓励，经常受到鼓励的孩子，会对自己有更积极的评价，遇到困难的时候也更有勇气去克服。一定不要凭着自己的情绪经常用消极的语言评价孩子，即便孩子真的做错了事情也要就事论事，而非一味地批评指责。同时要注意发现孩子的优点，切忌把孩子的短处与其他人的长处相比较，这样会挫伤孩子的自信心。要让孩子知道每个人都是与众不同的，都有自己的优点。

温馨贴士

　　当然鼓励并非不分是非地肯定孩子的行为，无原则的、浮于表面的"夸奖"并不能给孩子带来真正的自信。父母要深入理解孩子，关心孩子的感受，在孩子做错事或者有缺点的时候帮助他分析原因，并鼓励孩子克服困难，重新找回自信。

◇教给孩子生活技巧，鼓励孩子独立做事

　　父母要教导和示范孩子一些生活技能及技巧，然后放手让孩子自己做事情，不要催促和计较结果，要允许孩子失败，让他们在不断地练习中积累经验，获得自信。林文采博士认为，除了父母关系和父母稳定的情绪外，在日常生活中，培养孩子安全感最重要的一点就是让孩子多自己做主、多自己做事。孩子能做的都可以让他动手尝试，每个环节、每一个过程都会为他增加一分安全感。其实，当孩子感到自己是生活的主人时，那种自信是不可言喻的。同时，为家庭和集体做出贡献的自豪感也会给孩子深深的滋养。

5 岁孩子的人际交往特点及对应的教育建议

5 岁孩子人际交往的特点

◇表达更流畅，交往技巧增多

随着语言、移情、逻辑思维等各方面能力的综合发展，5 岁孩子的人际交往能力比更小的时候有了明显提高。他们能更好地通过语言来表达自己，也能更好地理解他人，实现信息共享；他们发展出了一些交往技巧，如想和其他小朋友玩时会主动提出分享自己的玩具，看到同伴伤心时会给予安慰，从而和对方成为朋友；在游戏资源不足时，能够自觉地轮流进行游戏，并共同维持游戏规则……

◇发生矛盾时攻击性行为减少

由于经验不足、自我控制能力仍较弱，5 岁的孩子在同伴交往中出现冲突也很常见。但是，和年龄更小时相比，5 岁孩子在处理冲突时平和了许多，情绪失控和攻击性行为都有所减少。他们会考虑自己行为的后果，比如打了别的小朋友会被老师训，被打的小朋友会很难过，以后别的小朋友会不跟我玩，等等。

◇同伴影响力增大

对 5 岁的孩子来说，父母和老师的绝对影响力有所松动，同伴的影响力逐渐增大。他们在选择朋友上有了明显的精神倾向，比如交朋友的理由是觉得对方很可爱，而不再像小时候那样，一起玩玩具就是好朋友；他们开始有了自己的朋友圈，有了固定的好朋友，更喜欢和自己的好朋友一起玩耍、分享小秘密，甚至要求和好朋友穿一样的衣服，用一样的东西。

◇群体交往明显，喜欢分工合作的游戏

随着交际能力的发展和交往圈子的扩大，5 岁的孩子越来越喜欢多个同伴间的交流和游戏，热衷于群体交往。他们有了分工合作的意识，为了保证游戏能够顺利进行，孩子们会各自承担自己的角色，遇到困难时也会共同努力来解决；随着群体交往的发展，一群孩子中会逐渐分

化出"领导者"和"跟随者"。一些身高体力占优势或"点子多""玩具多"的孩子会成为群体的领导者，但在某些情况下，"孩子王"会对其他孩子进行控制，限制小伙伴和谁玩、怎么玩，或迫使其他小伙伴排挤某个小伙伴。这些情况实际上都是对成人社会的预演。

引导孩子礼貌、友善、合作

◇帮孩子创造交往机会，练习交往技能

现代家庭结构跟过去比发生了很大的变化，核心家庭居多，与邻居和亲朋好友的走动也很少，孩子和同伴玩耍的机会和范围大大减少。所以家长需要有意识地帮助孩子增加同伴交往的机会，比如让孩子多认识邻居和社区的小伙伴，平时可以相约一起玩耍；邀请孩子的同学朋友来家里玩；约孩子年龄相近的亲戚朋友一起吃饭或者出游，等等。这些方式可以帮助孩子找到交往的快乐，建立友谊。有时候父母们也可以在家里和孩子玩"扮演"游戏，帮助孩子分析遇到各种社交情境该如何处理。

◇注意成人的榜样作用

家长和老师是孩子心中的权威和模仿对象，一言一行都默默影响着孩子的行为和认知。很难想象，一个斤斤计较睚眦必报的家长，如何

教育自己的孩子懂得分享、友善和宽容。如果父母在说话时只图自己痛快而不注意他人的感受，孩子也容易习得这种沟通方式。同样的，如果父母本身性格内向，不善交际，也不愿意带孩子出门，那么孩子的交往机会也会明显减少，而社交技巧得不到锻炼，孩子会慢慢不喜欢和别的小朋友一起玩。所以，如果希望孩子能开朗、友善、广交朋友，家长就要在生活中给孩子树立榜样。

◇ 不要代替孩子社交，给孩子犯错和自己解决问题的机会

有些家长总是害怕自己的孩子"吃亏"，抱着这种心理，当孩子遇到同伴交往问题时，父母就容易冲上去，替孩子出头。还有的家长，虽然显得更"讲道理"，但是遇到问题就帮助孩子解决，生怕孩子之间有冲突。其实，孩子的交往能力很大一部分就是在解决冲突和矛盾的过程中建立起来的。对此，家长要有个"度"的把握。如果孩子一有冲突，家长就去解决，久而久之，就会造成孩子不会解决冲突的后果。所以，只要没有大的伤害和危险，放手让孩子们自己去处理矛盾冲突吧。有时候你可能会惊讶地发现孩子的社交能力和智慧远远超过大人的想象。关于伤害和"欺负"的问题，父母要具体分析，最重要的是孩子本身的感受而不是家长的主观认定。有些冲突可能本来只是孩子交往过程中的小插曲，但是家长的介入却加重了孩子的心理负担。另外，如果真的遇到"霸凌"及严重伤害孩子心理身体健康的情况，父母一定要认真对待，要采取各种措施给予孩子安抚和坚定的保护。

5 岁孩子的社会适应特点及对应的教育建议

5 岁孩子社会适应的特点

◇ 能较快地融入群体适应集体生活

相较于之前，5 岁的孩子更容易融入陌生的群体，比如更换幼儿园班级或者加入一个临时的课外课程时，5 岁孩子能较快地适应并和小伙伴相互熟悉。他们比过去更喜欢参加集体活动，比如群体游戏、团体歌舞等。

◇ 更愿意遵守行为规范并理解抽象规则

随着认知能力的发展，5 岁的孩子已经能够理解一般的规则甚至是一些比较抽象的规则，并且，他们愿意遵守规则。他们有了比较明确的是非观念，能够区分出"想要"和"应该"是不同的，在游戏中可以克制自己的情绪和冲动来遵守游戏规则，违反规则的小伙伴还会遭到其他小朋友的谴责。5 岁的孩子已经有羞耻感，在犯错时会觉得羞愧，这也是他们约束自己的行为、遵守规则的动力。

◇ 理解集体的概念，有初步的归属感

对于"集体"，年幼的孩子已经有了朦胧的感性认识，比如自己在

幼儿园的班级、小组。随着思维的发展，5 岁的孩子能够理解一些抽象概念，如祖国。他们关注的集体的范围逐渐扩大，不仅限于自己熟悉的家人，还开始关注自己和周围人所处的集体，知道自己是集体的一员。5 岁的孩子对班级有了初步的归属感，会为了班级的荣誉而和其他小朋友合作、配合老师的要求、克服困难完成任务，并在班级获得荣誉后感到自豪。在大人的引导下，5 岁的孩子对自己的祖国也有了初步的理解，可以通过地图、国旗、国歌等了解自己的国家，形成初步的民族自豪感。

帮助 5 岁的孩子遵守规则、融入集体

◇ 成人以身作则示范遵守规则

明明说了喝酒不能开车，可是爸爸却说只喝了一点儿没事；明明还是红灯，妈妈却说没有车过来能过马路；明明已经超过 120cm 了，可是奶奶让量身高的时候蹲一点，因为这样可以省一张门票……大人是孩子行为的榜样，如果大人常常言行不一，给孩子的示范混乱，孩子也容易认为规则是不必当真的。

◇ 多带孩子走出家门

有条件的话，父母可以多带 5 岁孩子出门旅行，或者至少是带他

走出家门接触陌生的环境和人。多见识不同的风土人情，一方面增加知识，另一方面也锻炼孩子面对各种环境和人的适应能力。

◇ 通过故事和游戏帮孩子建立是非善恶观

讲故事，可以引发孩子的情绪和情感，让孩子在故事中体会真善美和假恶丑带来的不同感受，从而引导孩子去接近真善美的言行。除了在日常生活中引导，游戏也能帮助孩子加强规范意识。比如在假装游戏中，大家都必须遵守情境的规范和角色，游戏才能进行下去。同时也可以利用假装游戏来模拟各种情境，让孩子"演习"在此情境下所需要遵守的规则。

◇ 引导孩子的集体荣誉感和对祖国的归属感

不管是对班级还是国家，只有建立了归属感才会热爱，而归属感是建立在了解的基础上。对于祖国的概念，5 岁的孩子只有一些表面的理解，如认识国旗国歌，知道自己是中国人。父母要在日常生活中多让孩子了解自己的祖国——可以带孩子去旅行，让孩子从中体会祖国河山的壮美；帮助孩子了解中国的历史，给孩子讲解古人的发明创造对我们现在生活的影响；给孩子读一些古诗词，让孩子在体验韵律之美中了解中国古代的文化，等等。父母们应通过日常的小事潜移默化地来引导孩子了解祖国、热爱祖国。

第 2 章

家庭之外的因素对孩子社会化发展的影响

家庭无疑是大部分孩子最重要的社会化课堂，而家庭之外还有许多因素对孩子的社会化发展有较大影响，这章我们讨论了电视节目、幼儿园和同伴关系这三个影响因素。父母要警惕暴力电视节目的消极影响，选择适合孩子的电视节目，并控制孩子的观看时间。在选择幼儿园时要重点考察整体的导向和老师的素质。同伴交往更加平等将有利于促进孩子社会化发展。

电视节目良莠不齐，不加选择弊端多多

电视给儿童带来的消极影响

关于电视节目，家长最关心的就是其中的暴力情节会不会对孩子产生消极影响，这个问题也是研究人员所关心的。答案是肯定的。哪怕是儿童节目中以幽默方式呈现的暴力行为，例如《喜洋洋与灰太狼》中红太狼把灰太狼打上天的情节，依然会对孩子产生不良影响。

　　电视暴力会助长孩子的攻击行为吗？答案也是肯定的，数百项相关实验和研究成果都证明了这一论断。与很少接触电视暴力的孩子相比，经常接触电视暴力的儿童和青少年对同班同学有着更高的敌意和攻击性。而且，这个作用是相互的，儿童观看暴力视频越多，越容易出现暴力行为；而暴力行为越多的儿童，越会对暴力视频感兴趣。一项追踪调查结果表明，8 岁时喜欢看暴力电视的孩子，长大后参加严重犯罪活动的概率明显高于不喜欢看暴力电视的孩子。

　　除此之外，观看暴力电视节目还会使孩子产生残酷的世界信念，让孩子认为世界是充满暴力的，人们要靠暴力手段来解决人际问题。观看暴力节目也会使孩子变得对周围的暴力行为不敏感，能够容忍更多暴力行为。

　　搜索网络能看到很多儿童模仿电视剧情节伤害同伴或自杀的新闻，比如儿童模仿动画片情节把同伴绑在树上用火烧，造成严重的烧伤；还有孩子因为模仿"上吊被救"情节而永远救不回来了。这些事情虽然是个例，但是同样让人警醒。家长要擦亮眼睛，广告，含有恐怖、暴力、色情等成分的电影和电视节目以及描写暴力、爱情的"成人动画片"是不适合孩子收看的。孩子的分辨和判断能力还有限，容易盲目模仿电视节目造成危险，另外，许多电视节目中表现的价值观也不适宜让孩子过早接触。

除此之外，长时间无限制看电视的弊端还有很多，比如对脑部发育和视力也有影响，久坐不锻炼影响身体发育，电视节目挤占了亲子沟通和户外活动的时间，容易造成社交短板。教育部发布的《3 ~ 6 岁儿童学习与发展指南》中建议，5 ~ 6 岁孩子连续看电视的时间不宜超过 30 分钟。所以，家长应尽量多陪伴孩子，与孩子做游戏、进行亲子阅读或进行户外活动，减少孩子看电视的时间。对于习惯长时间看电视的孩子来说，父母更需要采用多种方式分散孩子对电视的注意力。

合理利用电视节目中的优秀资源

电视是许多家庭必备的电器，当然，在保证其他活动（户外运动、阅读、亲子交流等）正常进行的情况下，给孩子看看电视也未尝不可。但是，家长应慎重地为孩子选择合适的电视节目。对于 5 岁的孩子，可选择看一些知识性趣味性都不错、光线颜色变化较慢的动画片、纪录片等，例如《人与自然》《美丽中国》《鼹鼠的故事》等，或是一些经典迪士尼动画片，如《白雪公主》《小鹿斑比》《白雪公主和七个小矮人》《米老鼠和唐老鸭》等。优秀的儿童动画片能带给孩子美的享受和精神上的升华。

家长不仅应陪着孩子看电视，还不要忘记与孩子交流、讨论这一重要环节。让孩子归纳故事内容、分角色扮演某些经典的故事情节等，有

Tips

有些专门为儿童设置的电视节目也是不错的，节目中加入了很多互动的元素，让孩子能有参与感，并在看节目的同时潜移默化地增长知识和接受教育。

助于提高孩子的观察力、记忆力、语言表达能力、表演能力以及创造力。

幼儿园的整体导向和老师的素质技能

　　国外一些学者的研究表明，在以学习为导向的幼儿园或学前班上学的3～6岁儿童，有时会在认识字母和阅读这样的基本学习能力方面表现出一些初始优势，但是这种优势常常在学前班末期就消失。研究还证实，在这种强调高度结构化学习导向的幼儿园中的儿童，其创造力较差，对测验感到更大的压力和焦虑，对自己的成功较少感到自豪，对未来的成功缺乏自信心，并且一般都不大喜欢学校。而那些强调以儿童为中心设置社会化课程和以发现为基础、灵活且重视培养动手能力的幼儿园的儿童，在上述各方面都胜出一筹。所以作为家长要对孩子的成长规律和需求有明确的认识，不要盲目地被"学习型"幼儿园的短期成果所迷惑。

　　有位家长曾在网上吐槽，自己的孩子上了幼儿园之后，在家里经常"教训"家里人："你的鞋子没放好，我说了多少遍了！""你，站好了，说你呢！耳朵呢？""我要唱歌了，你们把嘴闭上！"很显然，这是孩子在模仿幼儿园老师的口吻。虽然这种情况也许只是少数个例，但是也说明了老师的一言一行对孩子的榜样作用。在孩子社会化发展的关键时期，老师承担着指导和帮助孩子社会化学习的重要角色，对孩子的影响是巨大的。如果发现类似情况，家长必须要引起重视。

同伴交往对社会化发展意义重大

同伴交往发展孩子的社交能力

孩子在与同伴交往的过程中，会逐渐发展自己的社会交往能力，并获得归属感。孩子与大人的交往往往带着不对等的资源和认知，大人也往往对孩子的一些行为更加宽容。而同龄小伙伴在一起就不一样了，通过游戏玩耍，孩子可以学习与他人沟通；在相互帮助中学习分享与合作；在争吵打闹中学习如何解决冲突。

同伴交往增强孩子的适应能力

一般来说，受到同伴喜欢的孩子，认知能力较强，较少具有破坏性和攻击性，他们的性格特征表现为友好、可信赖、合作，可以给别人提供积极的情感支持。这样的孩子在成年之后往往社会适应能力更强，人际关系更顺畅。

父母随笔

第 *3* 章

给父母的几点提醒

孩子的社会化发展是个很大的课题，许多著作专门讨论这个问题。作为父母，我们要知道自己才是最重要的教育者，要明白自己担负的责任和一言一行对孩子的影响。此外，本章还讨论了几个比较热点的问题；内向的孩子是不是社会化发展不好？如何引导孩子面对陌生人？如何教孩子防止性侵害？如何引导孩子继承传统文化精华的同时放眼世界？

父母与家庭是孩子社会化学习的起点

亲子关系影响孩子一生的人格发展

虽然之前说过很多次，但这里还是要强调一下，心理专家认为在所有关系当中最重要的就是孩子与父母的关系。与父母之间的关系决定了孩子生活中与其他人的关系。许多实例也证实了良好的亲子关系对个体的身心健康十分重要，特别是对孩子的人格形成与发展有着重要的影响。很多有社交障碍或者人格缺陷的人在回溯童年时都会在父母的教育方式那里找到原因。

　　家庭是孩子实现社会化发展的主要场所，孩子的社会化很大程度上是在亲子互动中发展起来的。亲子关系的质量决定着孩子社会化过程是否顺利，也决定着孩子社会化可能达到的水平。所以，父母要有明确的认识，不要主次不分，不要把孩子的成长"外包"给别人。

亲子一起成长进步

　　我们如此强调父母的作用，并非给父母增加压力和负担。父母也是普通人，也受到自己原生家庭的影响并有一定的局限性。而且，并非一次犯错或者几次错误地对待孩子的方式就会把孩子给"毁了"，孩子没有那么娇气。但是，不良的互动长期累积下来，确实对孩子有着深远的消极影响。作为父母，对此要有明确的认知，有了孩子更要多学习，觉察自己、反省自己，要和孩子一起成长进步。

尊重孩子的个性与发展其社会化并不矛盾

内向不是缺陷

　　现在许多家长甚至专家的论调中，都把"内向"归为一种不那么理想的性格状态。许多家长在网上苦恼于自己的孩子内向害羞，不善交际。还有的家长更过分，说要治治孩子内向的"毛病"，这真是让人莫名心疼他们的孩子。

其实，内向与外向是性格的一个维度，没有好坏优劣之分。性格外向的人可以从社交活动中获得活力，而性格内向的人往往需要通过独处来让自己精神振作，面临过多的兴奋刺激时，他们反而会感觉精疲力竭。大部分人都同时有这两种性格倾向，只是有所侧重而已。一般人们都认为，外向的人更主动、更勇敢，能够获取更多的资源和认同，往往更容易处于竞争的优势。这也是现在那么多家长焦虑孩子"太内向"的原因。事实上，古往今来，许多名人甚至伟人都隐藏着一颗内向的心。性格内向并非意味着孤僻畏缩，更不是胆小怕事。他们也可以成为出色的政治家、演说家、企业家、明星。大家耳熟能详的达尔文、爱因斯坦、林肯、姚明、邓小平、金城武……他们都是内向型性格的人。

让孩子按照自己的节奏成长

孩子的性格有天性的成分，也有后天环境和教养的因素。父母一定要放下自己的刻板印象和焦虑，尊重孩子的天性。有一些孩子先天内向，他不愿意过多地与人交往，家长不应该强迫他必须如何，也不要动不动就对别人用负面语气提及孩子的"内向"，这样给孩子的压力会非常大。孩子的很多问题都是家长强化出来的，孩子不爱说话，这不是他的缺点，只是他性格的一面，小时候一些看似害羞胆怯的孩子常常随着年龄的增长也会改变。在父母温暖的接纳和关爱下，内向的孩子照样能够正常地社交、自信地表达。不断给孩子贴一些诸如"胆小""认生""不爱说话"的标签，并且使劲强迫孩子改变，才真的会造成孩子的社交障碍与心理阴影。

在接纳的基础上积极引导

父母首先要接纳孩子的个性与状态，反省自己的教育方式和环境是否顺应孩子的发展需求，鼓励孩子一切积极的表达和行动。比如孩子主动和别人打招呼或新交往了朋友时及时给予称赞；到了新的环境，给孩子足够的适应时间；接受自己的孩子跟"别人家的孩子"不同这个事实。家长的心态平和了，孩子的状态就更容易好，这是个百试不爽的真理。

无论何时，孩子的身心安全最重要

陌生人都是坏人吗？

5 岁的牛牛对"陌生人"总是充满警惕，因为妈妈曾经拿一些新闻上的例子教育他"不要和陌生人说话""不要跟陌生人走"。结果牛牛常常看到"陌生人"就认为是坏人，牛牛妈妈虽然希望他有防范意识，但是不希望他那么敏感。有一次在小区里遇到一个邻居带着孩子在玩，邻居和妈妈聊了几句，当邻居邀请牛牛去家里玩的时候，牛牛说："你是不是坏人，想把我拐走？我才不上当！"邻居哈哈大笑，妈妈却有点尴尬。

社会上的确有些人会对我们的孩子造成危害。因此，我们不能让孩子随便跟别人走。幼小的孩子还缺乏保护自己的能力，一次能够接受的概念又比较少，为了解释起来方便，父母通常会对孩子说："别跟陌生人说话！""不能上陌生人的车！"因为"陌生人中可能有坏人"。

这些原则，在保护孩子安全上会有一定的作用。但如果强调过头，可能会让孩子认为陌生人都是坏人，反而失去了基本的安全感。

其实，孩子的成长过程是一个不断接触陌生人的过程。第一次有客人串门，他会看到陌生的亲朋；第一次出门晒太阳，他会看到陌生的邻居；第一次购物，他会看到很多陌生的顾客、收银员、保安；第一次去幼儿园，老师和小朋友都是陌生人……总的来说，陌生人和熟悉的人中好人和可能具有危险的人的比例其实差不多。我们绝对不要对孩子说"熟人的车你可以上"或"他是熟人，你可以跟他走"。而要告诉孩子："没有爸爸妈妈的同意，不可以……"

儿童心理学家徐凡认为，我们训练孩子拒绝陌生人，还不如培养他和陌生人礼貌交往的本领。带孩子观察社会上形形色色的人，帮孩子了解这些人的职业和职责。还要渐渐让孩子了解，即使是同一职业的人，脾气秉性也会不同，有的人热情、有的人冷漠、有的人大方、有的人贪婪……对待不同的人，要有不同的方法。

防止熟人性侵的教育要到位

最近新闻报道中有很多受害人为未成年人的性侵案件引发了人们的关注。因为文化传统的关系，很多类似事件并未报道出来，而在网上有很多网友会回忆童年时被猥亵甚至强暴的遭遇。即便是现在，很多家长虽然已经开始重视幼儿的性教育，但是对于预防侵害的教育仍然十分不到位。

　　有人曾经对 120 名 11 ～ 12 岁的孩子进行调查，请他们描述出什么样的人会对儿童性侵害。在孩子的描述中，没有一个孩子认为父母、亲人、老师、父母的朋友、隔壁邻居的叔叔会对孩子性侵害。他们认为对孩子性侵害的人都是长相丑陋、凶狠的无业人员、失恋者、被异性冷落者、心理变态者。一些孩子这样描述侵害者："他长得非常丑，头发稀少，脸上有疤痕，小眼睛，塌鼻子，大嘴巴，高大，手很大，脚很大，耳朵也很大。"孩子们会将侵害者脸谱化，而对真正的潜在罪犯缺乏防范。

　　事实上，对孩子进行性侵害的大多不是陌生人，通常正是孩子熟悉、信任、尊重、亲近和依赖的人。侵犯者与孩子处在不平等的权力关系中，比如是孩子的亲人、邻居、老师、父母的朋友等。孩子对这样的一些人没有防范意识，从来就不会想到他们所爱的人和被他们尊重的人会对自己进行性侵害。而侵犯者利用其权势侵犯和剥夺了受害孩子自由支配自己身体的权利和意志。有关部门对性侵害事件的调查统计发现，85% 的儿童性侵害事件正是这些人所为，陌生人性侵害儿童的案件仅占 15%。

　　所以，对孩子的性教育以及防止性侵害的教育要及早进行。父母要告诉孩子：任何人都可能性侵害儿童，不论年龄、性别、职业，侵犯者可能是孩子的亲人、父母的朋友、隔壁邻居、学校老师。但是，这个世界上绝大多数的人是爱孩子的，伤害孩子的只是极少数的那一部分人。所以，孩子要懂得辨别好的接触和不好的接触，如果遭遇性侵害知道如何应对，就能够保护自己。

具体的做法是：让孩子在一张纸上画出男孩和女孩，然后让孩子用红笔标记出男孩和女孩身体的隐私部位。对孩子提示时的用语不可以直接说隐私部位，因为孩子不懂这个词的含义，父母要将隐私部位说成"不可以随便让别人看，不可以让别人随便摸的部位"。所以，在让儿童用红色笔涂出隐私部位的时候，指导用语要说"用红色的笔标记出身体上不可以随便让别人看、随便让人摸的部位"，这样孩子就能够听懂，也能够按照你的指示进行操作。

父母还要告诉孩子：无论任何人，包括爷爷奶奶、姥姥姥爷、爸爸妈妈的朋友、亲戚、老师都不可以随便看或摸你的隐私部位；如果有人想摸你的隐私部位，要想办法离开他，然后回家告诉爸爸妈妈；你也不可以随便看或摸别人身体的隐私部位。

父母要多关心孩子，注意孩子的情绪和行为变化，注意孩子只字片语中隐含的信息。要让孩子懂得，无论遇到什么情况和什么困难，父母都是他最坚实的依靠和支持者。

要有全球视野和胸怀，也要有文化归属感

既不崇洋媚外，也不做偏狭的文化保护人

随着中国现代化建设的进程，在大城市中，城市发展、消费水平和人们的眼界都直追发达国家。对于"月亮也是西方亮"的盲目崇洋情结已经减少很多。但是，有一种狭隘的民族主义情结也同时存在，认为中国的文化才是源远流长的，有这种观念的人把社会上出现的一切不良现象都归咎于"西方文化"的入侵。甚至还有的人拿出古老的典籍来证明我们的祖先是多么的高明。

实际上，全球化和多元化的潮流是不可阻挡的，我们应该让孩子了解世界上存在着多种文化和制度，各有所长所短。可以通过旅行、看书、看电视节目来增加孩子对各种文化的了解，增长其见识和文化包容力。

让孩子了解和体验传统文化

对于孩子来说，文化虽然是一个很难理解的词汇，但是它已经存于每天的生活中。我们吃的食物，使用的物品，穿戴的服饰，以及语

言、交往习惯、社交规范，无不在表达着文化。

在传统节日庆典中和孩子一起庆祝并解说典故是个不错的方法，比如端午节时和孩子一起包粽子，讲屈原的故事；中秋节时和孩子一起做月饼，和亲戚家人一起吃团圆饭；冬至时和孩子一起包饺子，告诉孩子二十四节气的含义……

除了节庆，对母语的运用和学习也是在帮助孩子走进自己国家的文化。中国古诗词有着意境和韵律之美，引导孩子去诵读一些诗词，不仅对孩子的语言发展有帮助，也会让孩子对中国传统文化有亲近感。

附　录

5 ～ 6 岁孩子各领域发展及成人指导简表

　　这份简表展示了 5 ～ 6 岁的孩子在各领域的发展概要。请谨记，不同孩子的发展速度存在很大差异。这些发展情况以及成人指导也许并不适合于个体儿童和家长，但作为整体，这份简表反映了某一年龄段孩子发展的顺序。

发展领域	成人指导
运动能力	
● 会脚尖对脚跟地往后走	● 提供适宜的材料，供孩子裁剪、粘贴、绘画、上色和折叠
● 能够在平衡木上行走	
● 学会双脚交替跳跃	● 搜集小道具和装扮用的服装，让孩子进行逼真的角色扮演游戏
● 平衡能力提高，能够单脚站立 10 秒钟	● 每天为孩子大声朗读，让孩子接触不同种类的书籍
● 能够画出多种形状和字母	
● 能够涂色而不越线	
● 能够用剪刀剪出直线	

（续）

发展领域	成人指导
认知能力 ● 能够从两个维度对物品进行分类，如颜色和种类 ● 能够机械地记忆 20 及以上的数字，很多孩子能够数到 100 ● 能够将时钟的时间与日程表联系起来 **语言能力** ● 看着书中的图画，能够讲述熟悉的故事 ● 能够说出自己的生日、家庭成员的名字 ● 能够正确地接听电话 **社会性 / 情绪能力** ● 享受友谊带给自己的快乐 ● 常常表现出同情和关心 ● 大多数时间都能够遵从指示，并执行安排 ● 取得成绩时会洋洋得意，偶尔会自我吹嘘	● 鼓励孩子提高对纸笔记录、认字、算数和认识词语等游戏的兴趣，陪伴和协助孩子自编或玩这类游戏 ● 设计能锻炼孩子手眼协调能力的简易游戏，保证孩子能进行大体力的游戏 ● 尽量不要购买包含发射器或需要外接电源的玩具 ● 教授孩子掌握交通安全常识，尤其是对步行上学的孩子 ● 在解决问题时，让孩子参与其中 ● 让孩子参与制订规则，以有利于他们遵守

后 记

　　历经两年的研发和改进，《Ｎ岁孩子　Ｎ岁父母》这套"家庭·家教·家风"教育丛书的第一辑0～6岁分册，终于在课题组和研究团队的共同努力下完成了，无尽的激动、喜悦、期待与感激萦绕在每一位参与者的心头。

　　"这套书就像我们的孩子一样！"这是团队成员在研发和编写的过程中最常吐露的心里话。之所以会有这样的感触，源于团队成员始终坚持并期待的研发目标——回归。

　　回归科学的发展规律。儿童的发展就像一颗种子，自孕育开始，就有着自身既定的成长轨道和方向，不会因为一味地给予、爱与自由而变得简单，也不会因为各种实验、测试、考察而变得复杂。我们只崇尚最客观、最关键的发展规律和特点，看到儿童发展的核心本质与真实状态，尊重每一个独特而美好的生命。

　　回归家庭的教育功能。家庭是生命之初的整个世界，它不会因为贫穷、简陋而变得冰冷难耐，也不会因为富有、奢华而发出万丈光辉。我们只坚持让孩子能够在稳定、积极、和睦的环境中成长，只要求父母的尊重、关怀、包容、引导，并以身作则，而无关金钱的投入、机构的熏陶。

回归日常的点滴生活。一只小虫足以让孩子兴奋一整天，一个故事足以让孩子畅游一段童年，孩子的一颦一笑、一举一动都是生活百态的滋养。我们只期待孩子能够在自然、有趣的游戏和陪伴中度过每一天，在生活中发现、探索、收获、成长，也期待家长朋友们能够从孩子的点滴变化中收获为人父母的惊喜与感动。

回归文化的自信与包容。活泼好动地到处探索或安静内敛地阅读绘画，对孩子来说，这都是他们独一无二的性格特征。同样，在万圣节身着奇装异服要糖果，或在新年张灯结彩地迎新春，对孩子来说，这些都是他们从未见过的节日景象。我们只希望在本土家庭中成长的孩子，既有着东方传统气韵的自信，又有着包容万象文化的胸怀。

希望这套丛书不仅可以成为家长们的育儿手册，还可以成为家长们的自我成长手册；不仅可以成为儿童教育养育的参考指南，还可以成为家庭教育本土化的探索与积累。

这套丛书是团队集体智慧的结晶。感谢中国教育科学研究院王晓燕助理研究员、著名编导田禾老师、西北师范大学的瞿婷婷博士、资深编辑李丹丹老师和家庭教育热心关注者李莉老师的倾心参与；感谢海淀区社区教育专家组成员、原北京市清河小学和中学校长、高级教师沈亚清老师对开发工作的细心指导；感谢北京城市学院蔡永芳博士、日本御茶水女子大学儿童学专业博士卢中洁提供的资料支持；感谢北京市燕山地区高级教师左玉霞、燕山地区幼儿园、北京师范大学幼儿园、空军装备研究院蓝天幼儿园对问卷、访谈等工作的高度支持；感谢参与调研的数百名家长朋友们的真实讲述；感谢课题组史篇、邹文馥、王颖、金菁等成员对材料、资源的搜集与整合；感谢现代教育出版社陈琦社长、李静主任、赵延芹编辑；感谢写作前期参与调研的 600 名家长和 100 名幼儿园老师。感谢为这套丛书的出版出谋划策的每一个人！

特别感谢甘肃忠恒集团的董事长房忠先生，给丛书的开发提供全面的支持，还要感谢北京师范大学文化创新与传播研究院的各位同仁，给了我默默的支持和帮助。

尤其幸运的是本丛书得到了北京师范大学家庭教育开创人赵忠心教授的推荐作序，还有北京师范大学著名儿童教育专家钱志亮老师对本书价值的大力肯定与隆重推荐。

最后感谢《N 岁孩子　N 岁父母》这套书的每一位阅读者！希望大家提出宝贵意见，我们会在适当的时候对丛书的内容进行修改，并相继推出第二辑（7 ~ 12 岁）、第三辑（13 ~ 18）岁的指导手册。

希望家庭教育能够得到更多人的关注与支持，祝愿每个孩子都能健康、快乐地成长，每个家庭都能变得更加和睦、温馨！

尚立富

2017 年 3 月 15 日